Mosaik

Peter Mayr
Ingrid Biedenkopf

Geniessen wie früher Kochen wie heute

Mit wenig Fett
und frischen Produkten
der Saison und Region

Mit einem
ernährungswissenschaftlichen Beitrag
von Dr. med. Harald Stossier

Mosaik Verlag

Bildnachweis

Bavaria: Reinhard 21 rechts
IFA-Bilderteam: Fiedler 17; Nowotny 16; Rauh 14/15
Mosaik Verlag: Brauner 11, 13 oben; Feuz 26, 27; Newedel (Küche: Hans Gerlach) 8/9, 22/23, 31, 32/33, 35, 38, 41, 45, 48, 51, 55, 58, 63, 66, 71, 74, 79, 82, 85, 88, 93, 97, 100, 102, 109, 112, 117, 120, 125; Seiffe 28; Teubner 30 oben
Reinhard-Tierfoto: 20, 21 Mitte, 24
StockFood Eising: 10, 12, 13 unten, 18 alle, 21 links, 25, 29 beide, 30 unten
Tony Stone Bilderwelten: 19

Der Mosaik Verlag
ist ein Unternehmen der Verlagsgruppe Bertelsmann

Redaktionsleitung: Halina Heitz
Bearbeitung und Redaktion: Dr. Renate Zeltner, Siegrid Kroeber
Bildredaktion: Helga August
Titelfoto: Karl Newedel
Umschlaggestaltung: Petra Dorkenwald
Herstellung / DTP: Martin Strohkendl
Reproduktionen: Artilitho, Trento
Druck und Bindung: Egedsa, Barcelona
Printed in Spain

ISBN 3-576-11102-6

INHALT

Vorwort

Was ist anders an diesem Kochbuch, das wir Ihnen, liebe Leserinnen und Leser, hiermit vorlegen? Wie viele andere Autoren, so wollen auch wir Ihnen Vorschläge für schmackhafte Speisen und eine leckere Küche unterbreiten. Unsere Rezepte sollen Ihre Küche bereichern und Ihnen Freude bereiten. Wir möchten Ihnen die Köstlichkeiten nahebringen, die wir der Kunst von Peter Mayr verdanken. Kurz: Wir wollen Ihnen helfen, Ihre Familie und Ihre Gäste zu verwöhnen.

Das alles hat dieses Kochbuch mit vielen anderen gemeinsam. Was es aber von diesen unterscheidet, ist sein Anliegen, Ihnen nicht nur den Weg zu einer guten, sondern auch zu einer gesunden Küche zu weisen. Es geht darum, allen interessierten Köchinnen und Köchen zu zeigen, wie sie die Vorsorge für ihre Gesundheit mit dem Wunsch nach einer guten Mahlzeit verbinden und den Widerspruch vermeiden können, der häufig zwischen gutem und gesundem Essen entsteht.

Die Idee zu diesem Kochbuch und der Wunsch, es zu verwirklichen, sind durch eigene Erfahrung entstanden. Ich habe immer gerne gut und – wie ich heute weiß – immer sehr falsch gegessen. So nahmen die Dinge ihren Lauf.

Nach einer schwierigen Halswirbeloperation, der ich mich vor acht Jahren unterziehen mußte, erkrankte ich an Rheuma. Mein Immunsystem hielt den Narkose- und Schmerzpräparaten nicht mehr stand. Alle Gelenke schmerzten höllisch, meine Bewegungsfreiheit nahm rapide ab, und meine Psyche

begann sich zu verändern. Der Chefarzt einer bekannten Rheumaklinik empfahl eine Gold- oder Cortisontherapie. Beides wollte ich – schon wegen der damit verbundenen Nebenwirkungen – unter keinen Umständen.

Damals war ich seit längerem Schirmherrin der Sklerodermie-Selbsthilfegruppen in Deutschland und hatte mich deshalb mit Ernährungs- und Diätfragen beschäftigt. So wurde ich mit der Diät nach Frau Dr. Jutta Poschet und Herrn Dr. Jürgen K. Juchheim vertraut und wandte sie monatelang konsequent an. Der Erfolg, den ich damit erzielen konnte, war frappierend. Schon nach wenigen Wochen spürte ich Erleichterung. Der Stoffwechsel normalisierte sich. Die psychischen Belastungen verschwanden, die Gelenke wurden allmählich belastbarer. Ganz fassen kann ich den Erfolg immer noch nicht.

Darüber hinaus hatte ich einen hervorragenden Chirotherapeuten, Facharzt für Orthopädie und Naturheilkunde, Herrn Dr. M., der mir sehr geholfen hat, die richtige Physiotherapie verordnete und mich auch sonst mit seinem Wissen und Können begleitete, wo immer es nötig war.

Bald war ich bis auf Restprobleme wieder einsatzfähig. Herr Dr. M. verordnete mir auch einen Kuraufenthalt im Gesundheitszentrum am Wörthersee in Dellach. Dort sollte ich meinen Körper durch die Mayr-Kur entschlacken und auf diese Weise das Immunsystem stärken.

Am ersten Abend konnte ich mir aus verschiedenen Gerichten noch einmal eine richtige Mahlzeit aussuchen. Meine Wahl fiel auf hausgemachte Dinkelnudeln mit Tomatenconcassé. Sie waren köstlich! Herr Peter Mayr hatte ein Gericht gezaubert, das nicht wohlschmeckender hätte sein können und trotzdem gesund war. Während der in die Kur eingebauten Aufbauphase lernte ich noch viele köstliche Gerichte von Peter Mayr kennen, und ich begann, mich immer mehr mit seiner leckeren, zuträglichen Küche zu beschäftigen und war begeistert. Zum ersten Mal erfuhr ich, warum ich wann etwas nicht essen sollte. Vieles machte jetzt mehr Sinn, was ich vorher nicht nachvollziehen konnte und wohl auch deshalb nicht in meine Lebensführung einbezogen hatte. Entsprechende Vorträge von Herrn Dr. Harald Stossier und den Ärzten des Gesundheitszentrums waren für das richtige Verständnis stets sehr hilfreich.

Das Wissen und die Kochkunst von Herrn Mayr, der im Haug-Verlag Heidelberg schon viele Kochbücher veröffentlicht hat, möchte ich an Sie, liebe Leserinnen und Leser, weitergeben und Ihnen so die Köstlichkeiten seiner Küche erschließen. Die Erläuterungen des Chefarztes des Gesundheitszentrums Golfhotel in Dellach, Dr. Stossier, und des Küchenchefs, Peter Mayr, werden Sie auf dem Weg in die Welt dieses Kochbuches führen und begleiten.

Sie werden, wenn Sie ihn gehen, die Erfahrung machen, daß Sie mit dem neuen Wissen fast jedes Ihrer Lieblingsrezepte gesund und verträglich zubereiten und gleichwohl uneingeschränkt genießen können. Das Wissen, warum manches anders gemacht werden sollte, wird auch Ihnen ganz sicher helfen, sich diese Erkenntnis leichter zu eigen zu machen. So wird zum Beispiel die Basensauce, die sich auf schier unerschöpfliche Weise abwandeln läßt, Ihrer Phantasie jeden Spielraum eröffnen. Sie ist ähnlich variabel wie eine Béchamelsauce, aber weit verträglicher und so der Gesundheit dienlicher.

Ihrer Lust am Kochen und Ihrer und der Gesundheit Ihrer Familie und Gäste zuliebe wünsche ich Ihnen von Herzen die gleiche Freude am Gestalten und Probieren, wie ich sie entdeckt habe und immer wieder neu erlebe.

Viel Spaß mit diesem Kochbuch und gute Gesundheit!

Ingrid Biedenkopf

Gesunde, zeitgemässe und individuelle Ernährung

Was sollen wir überhaupt noch essen? Immer mehr selbsternannte Experten drängen uns ihre Meinung auf. Immer mehr Menschen sind verunsichert und ratlos, wenn es um die vernünftige Gestaltung des täglichen Speiseplans geht. Mit diesem Kochbuch wurde bewusst ein anderer Weg eingeschlagen. Dank der Zusammenarbeit eines Gesundheitsexperten und eines Meisterkochs sind Rezepte entstanden, die weder penetrantes Kalorienzählen noch Selbstkasteiung verlangen. Niemand muss auf seine Lieblingsgerichte verzichten, wenn er die richtige Esskultur beachtet und das Säure-Basen-Gleichgewicht berücksichtigt.

„Die Ernährung ist das Ergebnis von Lebensmitteln und der individuellen Verdauungsleistung."
Dr. med. F. X. Mayr

Gerade heute, in einer Zeit, in der durch Umweltbelastungen aller Art – Monokulturen, fehlende artgerechte Tierhaltung, beginnende Genmanipulation von Lebensmitteln oder Bestrahlungen – die Qualität der Lebensmittel immer schlechter wird, ist es nicht einerlei, was wir essen. Wichtig ist nicht, wieviel Eiweiß, Kohlenhydrate und Fette oder wie viele Kalorien wir wann und durch welche Lebensmittel zu uns nehmen, sondern welche „lebendigen" Inhaltsstoffe, welche Vitamine, Mineralstoffe und Spurenelemente unsere Lebensmittel noch enthalten. Sollen die fertigen Speisen noch reich an lebenswichtigen Inhaltsstoffen sein, ist heute mehr denn je eine neue Art zu kochen gefragt, die einerseits auf eine schonende und werterhaltende Zubereitung der Speisen, andererseits auf Bekömmlichkeit, Geschmack und Förderung der individuellen Verdaubarkeit ausgerichtet ist.

Die Leistungsfähigkeit des Verdauungsapparates wird beim Menschen grundsätzlich durch folgende Faktoren beeinflußt: die individuelle Konstitution, die tageszeitlichen Schwankungen sowie das persönliche Verhalten. Jede gesunde Ernährung muß auf diese persönlichen konstitutionellen Faktoren Rücksicht nehmen, die zudem noch durch Alter, Geschlecht und vor allem den Gesundheitszustand modifiziert werden.

Ein guter Start in den Tag: Das Frühstück soll reichlich und vielfältig sein. Außer Vollkornbrot gibt es hausgemachte Marmeladen, Getreideflocken und basenreiche Früchte.

Die richtige Esskultur

„Frühstücke wie ein Kaiser, iß mittags wie ein Bürger und abends wie ein Bettler." Dieses Sprichwort verdeutlicht, daß die Leistungsfähigkeit des Verdauungsapparates morgens am besten, mittags noch gut und abends am geringsten ist. Können am Morgen und zu Mittag relativ anspruchsvolle Gerichte gegessen werden, so sollte man abends nur noch leicht bekömmliche Lebensmittel oder Speisen zu sich nehmen. Zu spätes und zu schweres Essen am Abend überfordert den Verdauungsapparat völlig. Letztlich ist unsere Eßkultur, unser persönliches Verhalten entscheidend dafür, ob uns ein Lebensmittel mit all seinen Wirk- und Inhaltsstoffen zugute kommt oder ob das gleiche Lebensmittel uns durch einen Fehlverdauungsprozeß schadet. Der österreichische Arzt und Verdauungsforscher F. X. Mayr betrachtete als Kardinalfehler der Ernährung, daß zu schnell, zu schlecht gekaut, zu viel, zu oft, zu spät am Abend und zu schwer verdaulich gegessen wird. Heute müssen wir hinzufügen, daß viele Menschen zu wenig trinken und zu sauer essen. Diese Kardinalfehler gilt es, durch persönliches, eigenverantwortliches Verhalten zu vermeiden. Dabei ist vor allem wichtig, daß wir das, was wir essen, auch richtig essen. Gutes Kauen und Einspeicheln sind notwendig, um die Speisen mechanisch zu zerkleinern. Durch das Kauen wird die Speichelproduktion angeregt. Im Speichel wiederum sind wichtige Verdauungsfermente enthalten, so daß zum Beispiel die Verdauung der Kohlenhydrate bereits im Mund beginnen kann. Geschmack ist ein Prozeß, bei dem chemische Reaktionen zwischen Speichel und Speisebrei ablaufen und von den Geschmacksrezeptoren in der Mundhöhle registriert werden. Durch das Kauen und Schmecken erhält der Körper aber auch Informationen über die Art und Zusammensetzung der Speisen, so daß eine optimale Abstimmung der Verdauungssäfte, welche für die Verdauung der einzelnen Lebensmittel notwendig sind, erfolgen kann.

Außerdem ist zu beachten, daß der Körper Zeit braucht, die aufgenommenen Speisen vollständig umzusetzen. Essen wir *mehr*, als es unserer Verdauungsleistung entspricht, oder *öfter*, so können die Lebensmittel nicht vollständig und zeitgerecht verarbeitet werden.

Wie wichtig es ist, daß wir bestimmte Lebensmittel zum richtigen Zeitpunkt essen, zeigt zum Beispiel der Genuß von Rohkost am Abend. Rohkost ist ein sehr vital- und mineralstoffreiches Lebensmittel. Aufgrund seiner „Lebendigkeit" fordert es unserem Organismus jedoch eine entsprechende Verdauungsleistung ab, um richtig verarbeitet werden zu können; dazu ist der Abend ganz und gar nicht geeignet. Obst sollte also am Morgen, Salat als Vorspeise zu Mittag, aber keinerlei Rohkost (Obst, Salat und Fruchtsäfte) abends genossen werden. Rohkost am Abend führt unweigerlich zu Gärungsprozessen und damit zur Bildung von Säure, Alkohol und Gas.

Auch das Trinken ist von enormer gesundheitlicher Bedeutung. Für den gesamten Stoffwechsel benötigt der Mensch je nach Größe und Gewicht täglich etwa 2 bis 3 Liter Flüssigkeit. Dazu gehören in erster

Frische Produkte bereichern unsere Mahlzeiten. Mit einer mineralstoffreichen Salatportion fängt das Mittagessen an.

„Wir können uns durch das tägliche Essen krank machen oder auch stärken und gesund erhalten."
Paracelsus

„Eine gesunde Ernährung ist jene, bei der dem Organismus nur soviel zugeführt wird, als er ordnungsgemäß, das heißt zeitgerecht und vollständig, im Verdauungsapparat umsetzen, im Stoffwechsel verarbeiten und den anfallenden Rest über die Ausscheidungsorgane (Niere, Darm, Lunge, Haut) wieder eliminieren kann."
Prof. Dr. K. Pirlet

Frühlingsbrote mit Kräuterquark und Gemüse – da genießt auch das Auge mit.

Linie Wasser, aber auch kurz gebrühte Kräutertees, Gemüsebrühe oder Mineralwasser, nicht jedoch Alkohol, Kaffee oder andere Genußmittel, wie gärungsfreudige Fruchtsäfte oder Industriegetränke. Die Flüssigkeit sollte stets zwischen den Mahlzeiten getrunken werden, um nicht während des Essens die Verdauungssäfte zu verdünnen und damit ihre erwünschte und notwendige Leistung zu verringern.

Der ausgeglichene Säure-Basen-Haushalt

Heute klagen immer mehr Menschen über Müdigkeit, Nervosität, Streß sowie vermehrte Anfälligkeit für Infekte. Auch bei jungen Menschen ist das Immunsystem oftmals schon gestört, die Abwehrkräfte des Körpers versagen. Vielfach lassen sich diese Zivilisationskrankheiten auf eine Übersäuerung des Organismus zurückführen. So wie der saure Regen ganze Wälder zerstört, führt auch ein Übermaß an Säuren in unserem Körper zu schweren Schäden. Dank neuester Forschungserkenntnisse kann man bei Übersäuerung des Körpers durch eine ausgewogene, basenüberschüssige Ernährung Abhilfe schaffen. So kommt der Zusammensetzung der Speisen ein entscheidender Einfluß zu.

Saure Lebensmittel verstärken die Säure in Magen und Dünndarm, erfordern daher mehr Basen zur Neutralisation. Diese müssen aus den körpereigenen Reserven mobilisiert und den Verdauungsdrüsen zur Verfügung gestellt werden.

Basische Lebensmittel helfen, eigene Basen einzusparen bzw. diese für „Reinigungsfunktionen" innerhalb des Körpers zur Verfügung zu haben. Das geschieht dadurch, daß bei der Aufnahme basenreicher Speisen ein Basenfluten im Körper ausgelöst wird, das abgelagerte alte Giftstoffe (Säuren) mobilisiert und für ihre Ausscheidung sorgt. Dieser Vorgang ist auch bei einer Entgiftung oder Entschlackung entscheidend. Mit der Kenntnis der Wirkung der wichtigsten Lebensmittel läßt sich also das Verhältnis von Säuren und Basen im Gleichgewicht halten.

Säurespendende Lebensmittel sind u. a: Fleisch, Fisch, Milchprodukte – vor allem Käse, Joghurt oder Quark –, Getreide, Südfrüchte, warmgepreßte Pflanzenöle, tierische Fette, Genußmittel (beispielsweise Alkohol, Kaffee), industriell hergestellte Nahrung und Getränke.

Saure Wirkung durch Basenentzug entfalten: Raffinierte Kohlenhydrate, wie Auszugsmehle, weißer Zucker und daraus hergestellte Speisen.

Basenspendende Lebensmittel sind u. a.: Gemüse, vor allem Kartoffeln, reifes heimisches Obst, Milch, kaltgepreßte Pflanzenöle, Gewürzkräuter, Mandeln.

Neutrale Lebensmittel sind u. a.: Butter, Hirse, Sahne, Vollrohrzucker. Bei einer Mahlzeit, die im Säure-Basen-Gleichgewicht zusammengestellt ist, muß also folgendes berücksichtigt werden:

1. Säurespendende Lebensmittel müssen immer mit basenspendenden Lebensmitteln kombiniert werden.
2. Säurespendende Lebensmittel sind meist konzentrierter, daher wird das Mengenverhältnis von Säure zu Basen 1:2 gewählt.
3. Auf Lebensmittel, die als Basenräuber den Stoffwechsel zusätzlich belasten, sollte man tunlichst verzichten.

Allerdings nützt eine ausgewogene Zusammenstellung im Sinne des Säure-Basen-Gleichgewichts überhaupt nichts, wenn die oben angesprochene Eßkultur nicht eingehalten wird.

In diesem Buch finden Sie zahlreiche Rezepte, die unter Berücksichtigung des Säure-Basen-Gleichgewichts zusammengestellt bzw. ausgewählt worden sind. Wichtig ist aber auch, daß Sie nach einer mühe- und liebevollen Zubereitung diese Gerichte wirklich genießen. Essen Sie langsam und in Ruhe. Kauen Sie gut, um die Speisen einzuspeicheln, zu schmecken und dem Körper Gelegenheit zu geben, die chemischen Prozesse richtig ablaufen zu lassen. Essen Sie nicht zu spät abends und vor allem, sowohl von der Auswahl wie der Zubereitung her, leicht bekömmliche Speisen als letzte Mahlzeit des Tages. Hören Sie auf zu essen, wenn es am besten schmeckt. Alles Weitere ist zuviel.

Geben Sie dem Körper Gelegenheit, das Gegessene zu verarbeiten, indem Sie entsprechende Abstände zwischen den Mahlzeiten einhalten. Bieten Sie ihm auch von Zeit zu Zeit Gelegenheit zur Regeneration. Erholung, Reinigung und Entschlackung gehören genauso zur Eßkultur wie das Essen selbst.

Wenn Sie diese wenigen Richtlinien beachten, werden Sie sich durch das tägliche Essen stärken und gesund erhalten.

In diesem Sinne guten Appetit !

Kartoffeln werden möglichst ungeschält gegart. Erst nach längerer Lagerzeit - also vom Spätwinter bis zur neuen Ernte - sollte die Schale vor dem Dämpfen entfernt werden. Frühkartoffeln werden mit der Schale gegessen.

Kaltgepreßte Öle sind Basenspender; sie werden mit würzigen Kräutern aromatisiert.

Natürliches aus Landwirtschaft und Gartenbau

Früher war es ganz selbstverständlich, dass die von Bauern und Gärtnern erzeugten Lebensmittel frisch und unverändert auf die Märkte und damit zu den Verbrauchern gelangten. Doch mit zunehmender Technisierung der Landwirtschaft, mit der Massenerzeugung in Milch-, Fleisch- und Getreide-„Fabriken“ ist der Weg vom Erzeuger zum Verbraucher immer länger geworden. Hinzu kommt, dass die unter hohem Aufwand von Futter-, Dünge- und Pflanzenschutzmitteln erzeugten Produkte an Wert eingebüsst haben. Was wir aber brauchen, sind Lebensmittel im besten Sinne des Wortes.

Viele Menschen haben inzwischen die künstlich haltbar gemachten, raffinierten und damit denaturierten Produkte buchstäblich satt. Sie holen sich ihre Eier, Milch und das Getreide bei Bauern, die „biologisch“ wirtschaften.

Unsere Landwirtschaft liefert uns inzwischen ausgezeichnete Produkte. Nun liegt es an uns Verbrauchern, durch die richtige Einkaufsentscheidung Signale zu setzen, indem wir umweltgerecht produzierte Nahrungsmittel erwerben und genießen.

In der Region Erzeugtes ist frisch, und durch die kurzen Transportwege wird auch noch die Umwelt geschont. Darüber hinaus sind die Herkunft wie die Qualität der Nahrungsmittel bei Produkten aus der Nachbarschaft direkt nachvollziehbar; und gerade das ist wichtig in der heutigen Zeit, die geprägt ist durch Negativschlagzeilen über Lebensmittelskandale und Tierseuchen. Wer beim direktvermarktenden Bauern einkauft, kann sich nicht nur auf absolute Frische verlassen, sondern bekommt auch noch Einblick in eine umweltgerechte Erzeugungsweise. Ein authentischer Erlebniseinkauf, der nicht nur für unsere Kinder interessant ist!

Wem die Zeit für eine Fahrt hinaus aufs Land oder zum nächsten Bauernmarkt fehlt, der sollte in Naturkostläden einkaufen oder in den Regalen des Einzelhandels Ausschau halten nach qualitäts- und herkunftsgesicherten Erzeugnissen aus der Region oder direkt nach solchen Lebensmitteln fragen.

Einkauf und Jahreszeiten-Küche

Wir tun gut daran, natürliche, unveränderte Lebensmittel in unseren täglichen Speisezettel einzubauen. Die gefüllten Einkaufskörbe in den Supermärkten bieten oft abschreckende Beispiele für die Art, in der sich Familien heute vielfach ernähren. Da überwiegen Konserven, Päckchensuppen, Halbfertigprodukte, eingeschweißte Fleischstücke und Tiefkühlhähnchen aus dem Sonderangebot, steril verpackter Schnittkäse, süße Naschereien und Knabbersachen. Dabei müssen bei ernährungs- und gesundheitsbewußter Auswahl sowie vernünftigem Einkauf der Nahrungsmittel und richtiger Planung des täglichen Ernährungsprogramms für die Familie weder Mehrkosten noch Mehrarbeit entstehen.

Erdbeeren zu Weihnachten, Spargel im Januar und Weintrauben im Mai – muß das eigentlich sein? Sicher, wir haben heute die Möglichkeit, uns jederzeit Gemüse und Früchte aus jedem Land der Welt anliefern zu lassen. Doch über all den exotischen Früchten, von denen manche gewiß auch ihren kulinarischen Reiz haben, sind unsere heimischen Obstsorten und auch viele Gemüse fast in Vergessenheit geraten.

Natürlich erscheinen Äpfel aus Südafrika und Birnen aus Kalifornien dem Auge attraktiver als Obst, das ohne giftige Spritzmittel in unseren Gärten gewachsen ist und auch nicht für eine lange Reise konserviert werden muß. Doch bei aller Schönheit fehlt den Importfrüchten Saft und Kraft und der für jede Sorte eigentümliche Geschmack.

Manche Produkte sind eben nicht immer zu bekommen. Wir haben uns nur schon viel zu sehr daran gewöhnt, zu jeder Jahreszeit einfach alles kaufen zu können. Die Saisonalität unserer Landwirtschaft und ihre Produkte zu akzeptieren, ja sie in unseren Speisezettel bewußt einzubauen, ist eine wichtige Aufgabe zur Stärkung der umweltgerecht wirtschaftenden Bauern und zur Erhaltung unserer Gesundheit. Halten wir uns deshalb an Gemüse, Kräuter und Früchte der jeweiligen Saison und beziehen wir sie aus heimischem Anbau.

Jedes Naturprodukt, in dem etwas „Lebendes" enthalten ist, muß nach mehr oder weniger kurzer Zeit verderben. Tut es das nicht, so wurde es mit chemischen Mitteln haltbar gemacht.

Gemüse und Früchte auf dem Markt oder gleich beim Erzeuger eingekauft, werden so frisch wie möglich zubereitet und verzehrt.

Was nicht gleich auf den Tisch kommt, läßt sich für den Wintervorrat verarbeiten, zum Beispiel zu Quittenmarmelade oder Sauerkraut.

Das bieten Frühling, Sommer, Herbst und Winter

Frühling

Gemüse und Kräuter: Blattsalate, Frühlingszwiebeln, Kerbel, Kohlrabi, Majoran, Mangold, Petersilie, Pimpinelle, Radieschen, Rettich, Schnittlauch, Spargel, Spinat, Zuckerschoten

Obst: Erdbeeren

Sommer

Gemüse und Kräuter: Blumenkohl, Bohnen, Bohnenkraut, Brokkoli, Dill, Erbsen, Frühkartoffeln, Gurken, Knoblauch, Möhren, Paprika, Rüben, Salbei, Stangensellerie, Thymian, Tomaten, Zwiebeln

Obst: Aprikosen, Heidelbeeren, Himbeeren, Johannisbeeren, Kirschen, Pfirsiche, Sommeräpfel, Stachelbeeren

Herbst

Gemüse und Kräuter: Fenchel, Kartoffeln, Kürbis, Meerrettich, Pilze, Porree, Rosmarin, Rote Bete, Rotkohl, Sellerie, Weißkohl

Obst: Äpfel, Birnen, Brombeeren, Haselnüsse, Pflaumen, Preiselbeeren, Kiwis, Quitten, Reineclauden, Walnüsse, Weintrauben

Winter

Gemüse und Kräuter: Chinakohl, Feldsalat, Grünkohl, Kopfkohl, Porree, Sauerkraut, Schwarzwurzeln

Obst: Eingelagerte Äpfel und Birnen, Trockenobst

Biologischer Anbau – was ist das?

Als „biologischer Landbau" werden heute Produktionsverfahren einer ökologisch orientierten Landwirtschaft bezeichnet. Der biologisch wirtschaftende Bauer oder Gärtner vermeidet alles, was dem Boden und dem Bodenleben Schaden zufügt. Er verzichtet auf chemische Unkraut- und Schädlingsbekämpfungsmittel, legt Wert auf organische Düngung (Mist, Kompost, Urgesteinsmehl).

Obgleich es verschiedene Richtungen gibt (biologisch-dynamisch, organisch-biologisch u.a.), haben sie doch eines gemeinsam: die Verbesserung der Qualität. Auch wenn Chemiker über mehr oder weniger rückstandfreie Produkte und Untersuchungsergebnisse streiten, so ist für den Verbraucher doch eines unverkennbar: der bessere Geschmack von natürlich herangezogenen Produkten. Ihren wahren Wert aber macht der höhere Vitalstoffgehalt aus.

In einem Feld, wo Klatschmohn und andere „Unkräuter" noch geduldet werden, kann das Getreide relativ unbelastet heranreifen.

Getreide aus biologischem Anbau

War es früher selbstverständlich, daß Lebensmittel unverändert vermarktet wurden, so „verfeinert" man sie heute mit hohem

Um dem Verbraucher mehr Sicherheit zu geben, daß er es tatsächlich mit Produkten aus dem Öko-Land- und Gartenbau zu tun hat, gibt es inzwischen Gütesiegel der verschiedenen Öko-Verbände (so zum Beispiel Demeter, Ernte für das Leben, Bioland, Biokreis, Naturland usw.). Der Freistaat Sachsen hat sogar ein amtliches Gütesiegel für den Öko-Landbau entwickelt, das die Öko-Verbände für sich nutzen können.

Öko Landbau®

Natürlich liefern Tiere wie diese glücklichen Gänse, die viel Auslauf haben und lauter Leckerbissen fressen, hochwertiges Fleisch.

technischem Aufwand. Beim Getreidekorn wird außer den inhaltsreichen Randschichten auch der Keimling entfernt. Dem Mehl wird gleichsam ausgezogen, was es verderblich macht. Damit gehen dem handelsüblichen und fast unbegrenzt haltbaren Weißmehl oder Auszugsmehl nicht nur wertvolles Eiweiß, Fett, Vitamine und Mineralstoffe verloren, sondern auch die Zellulose aus der äußeren Schicht der Fruchtschale, die für den Verdauungsvorgang so wichtig ist. Was zurückbleibt, sind Stärke und Klebereiweiß. Zwar ist solches Mehl lange lagerfähig, doch es fehlt ihm an „Lebendigkeit". Hier kann nicht einmal der Mehlwurm überleben, weil er in der weißen Pracht nichts mehr zu beißen findet. Bewußt wirtschaftende Hausfrauen und Köche kaufen deshalb Getreide aus biologischem Landbau und mahlen sich in der eigenen Getreidemühle immer nur soviel Mehl oder Schrot, wie sie für ein Gericht brauchen.

Artgerechte Tierhaltung und Fleischerzeugung

Daß Fleisch nicht gleich Fleisch ist, erfahren wir spätestens, wenn der Braten in der Pfanne, den wir so günstig im Sonderangebot erstanden haben, vor unseren Augen kleiner und kleiner wird und in einer trüben Brühe schwimmt, statt appetitlich gebräunt und kernig zu werden. Mit Qualitätsfleisch macht man dagegen ganz andere Erfahrungen. Es entspricht in Konsistenz, Farbe und Geschmack unseren Vorstellungen von wahrem Fleischgenuß. Wenn wir, wie uns die Ernährungswissenschaftler raten, nur noch ein- oder zweimal in der Woche Fleisch auf den Tisch bringen, so sollten wir nicht an der Qualität sparen und nur „Bio"-Fleisch zubereiten.
Grundbedingungen für ein Stück Fleisch, das den Zusatz „Bio" verdient, ist Tierhaltung mit ausreichendem Auslauf und eine den Bedürfnissen der Tiere entsprechende Fütterung. Sind diese Voraussetzungen gegeben, brauchen Schlachttiere weder Antibiotika noch Hormonpräparate oder Mastfördermittel.
Bewußt sollten wir deshalb Fleisch bei solchen Bauern oder Metzgern kaufen, die eine artgerechte Haltung und Fütterung sowie streßfreie Schlachtung der Tiere garantieren.

Milch, Butter, Käse – Naturprodukte

Milch ist ein besonders sensibles Nahrungsmittel; seine Qualität hängt vor allem

von der Qualität des Futters und der Art der Tierhaltung ab. So wichtig die Milch für die menschliche Ernährung auch ist, in der heute handelsüblichen Form, also pasteurisiert, sterilisiert und haltbar gemacht, enthält sie ihre wertvollen Inhaltsstoffe nur noch teilweise bis gar nicht mehr. Den sicher notwendigen Schutz vor Krankheitskeimen und Verunreinigung müssen wir mit einem Verlust an Vitalstoffen bezahlen. Die Milch in Tüten und Packungen ist nicht mehr dasselbe Produkt, das frisch von der Kuh ins Glas kommt. Natürlich gilt das auch für Milchprodukte wie Butter, Käse, Quark oder Buttermilch. Wer keinen Bauern seines Vertrauens in der Nähe hat, der sollte darauf achten, qualitätvolle frische Milch in Flaschen zu kaufen, die es heute auch in vielen Läden in der Stadt gibt. Inzwischen findet man auch wieder kleinere Rohmilchkäsereien, die Produkte von ausgezeichneter Qualität anzubieten haben.

Gartenbau wie zu Grossmutters Zeiten

Natürlich schmecken Obst und Gemüse frisch aus dem Garten am allerbesten. Doch nur wenige können oder wollen noch ihr eigenes kleines Gemüse- und Kräuterbeet bestellen. Ehe wir aber zu den künstlich „frisch" gehaltenen, durch Kälte oder Gas konservierten Produkten greifen, die uns die Gemüseabteilungen der Supermärkte vielfach bieten, sollten wir uns bemühen, einen Erzeuger oder Bioladen zu finden, bei dem wir zwar nicht ganz so glatte und schöne, dafür aber viel besser schmeckende und gesündere Früchte und Gemüse kaufen können. Wir brauchen diese „lebendigen" Produkte aus schadstofffreiem Anbau als Rohkost- und Basenspender zur Erhaltung des Säure-Basen-Gleichgewichts. Durch Konserven sind sie nicht zu ersetzen, und auch Tiefkühlgemüse ist nur die zweitbeste Lösung.

Essen im Einklang mit der Natur: Obst und Gemüse frisch aus dem Garten; Butter, Milch und Sahne aus artgerechter Erzeugung bringen Wohlgeschmack und Harmonie in unsere Ernährung.

Die neue Art zu kochen

Wenn wir zwar hochwertige und gesunde Nahrungsmittel einkaufen, mit ihnen aber nicht schonend und behutsam umgehen, so kommen uns ihre kostbaren Inhaltsstoffe gar nicht oder nur zum Teil zugute. Deshalb ist es so wichtig, dass wir Zubereitungsformen vermeiden, durch die Vitalstoffe zerstört und unsere Speisen schwer und belastend werden. In der herkömmlichen Küchenführung werden Zutaten wie Gemüse, Fleisch und Kartoffeln mit Vorliebe in Fett schwimmend zubereitet, man denke nur an die von allen Kindern heiß-geliebten Pommes frites. Wenn auch noch billige Fette und Öle verwendet werden, kommt es zu „Todsünden“ wider die Gesundheit.
Die neue Art zu kochen kann sie verhindern!

Die richtige Lagerung frischer Produkte und eine schonende Zubereitungsweise sind das A und O der neuen Art zu kochen. Nur so bleiben die Vitalstoffe und der natürliche Geschmack der wertvollen Lebensmittel erhalten.

Lagerung von Lebensmitteln

Lange Lagerzeiten führen zu Vitaminverlust; bei Obst und Gemüse bewirken sie zudem wesentlich mehr Abfall. Da wir nur frische und möglichst unbehandelte Lebensmittel einkaufen, ist eine optimale Lagerung besonders wichtig.

Obst und Gemüse: Diese Produkte lassen sich meist nur kurze Zeit lagern, entweder im Kühlschrank, in einer kühlen Speisekammer oder im Keller. Günstig für die Lagerung im Kühlschrank ist das Einschlagen in Frischhaltefolie. Wurzelgemüse und Kernobst sind gegen Verdunstung und Austrocknung gut geschützt und lassen sich deshalb im Keller längere Zeit aufheben. Die verschiedenen Gemüse- und Obstsorten sollten getrennt gelagert werden, sie könnten sich sonst ungünstig beeinflussen. Langfristige Lagerung von Obst und Gemüse ist nur durch Konservierung möglich.

Kartoffeln: Nicht in jedem Haushalt werden heute noch Kartoffeln eingekellert. Wer einen Vorrat anlegen möchte, braucht entsprechende Lagerbedingungen. Damit Luft an die Kartoffeln kommt, sollten sie in einer Kartoffelkiste, auf Lattenrosten oder in Horden lagern. Man darf sie auch nicht höher als 40 cm aufschichten, weil sie sonst schwitzen und faulen. Die Lagertemperatur muß bei 4–6 °C liegen.

Fleisch: Gleich nach dem Einkauf wird das Fleisch ausgepackt. In einer Porzellan- oder Metallschüssel kommt es, zugedeckt mit einem Teller oder atmungsaktiver

Für die Vorratshaltung von Obst, Gemüse und Eingemachtem ist ein kühler Keller oder eine luftige Speisekammer ideal.

Folie, in den Kühlschrank. Rohes Fleisch hält sich dort 4–5 Tage, zubereitetes Fleisch 2–6 Tage (rohes Hackfleisch nur 6–8 Stunden!). Fleisch läßt sich gut tiefgefrieren, doch sollte man es vorher etwas abliegen lassen.

Lagerdauer im Tiefkühlschrank bei –18 °C

Rindfleisch 10–12 Monate
Schweinefleisch 5–6 Monate
Lamm-/Hammelfleisch
6–10 Monate
Kalbfleisch 6–9 Monate
Hackfleisch 2–3 Monate

Geflügel: Am besten schmeckt natürlich frisches Geflügel aus Freilandhaltung. Es kann wie anderes Fleisch einige Tage im Kühlschrank aufgehoben werden.
Tiefkühl-Geflügel sollte man nur aus einer gepflegten Truhe kaufen. Die Verpackung darf nicht fehlerhaft sein, die Haut soll keine Spuren von Gefrierbrand aufweisen. Auf Ware, an der sich Schnee bildet, verzichtet man besser. Tiefkühl-Geflügel wird im Kühlschrank aufgetaut.

Fisch: Daß es sich um frischen Frisch handelt, erkennt man an den klaren, glänzenden Augen, den hellroten oder dunkelrosa Kiemen, an glatten, anliegenden Schuppen. Das geronnene Blut im Innern darf sich noch nicht schwarzbraun verfärbt haben. Frischer Fisch ist fest und elastisch; drückt man ihn mit dem Finger, darf kein Abdruck zurückbleiben. Der Fisch muß frisch riechen und soll nicht „fischeln" (Ammoniakgeruch).
Frischfisch muß kühl gelagert werden (im Kühlschrank am kältesten Platz). Eingefroren wird nur ganz frischer Fisch.

Lagerdauer im Kühlschrank (2–6 °C)

frischer, ausgenommener Fisch 1 Tag
zubereiteter (vorgegarter) Fisch 2 Tage
Räucherfisch 2 Tage
Fischkonserven, geöffnet 1 Tag
Marinaden, geöffnet 3 Tage

Dank der perfekt funktionierenden Kühlkette von den Fanggründen bis zum Verbraucher sind Fische heute fast überall frisch und in guter Qualität zu bekommen.

Nahrungsfette: Beim Einkauf von Ölen ist besondere Aufmerksamkeit geboten. Olivenöl wird zum Beispiel in ganz verschiedenen Qualitätsstufen angeboten: *Jungfernöl* (extra vergine) ist naturreines, kaltgepreßtes Öl. *Reines Olivenöl* ist eine Mischung aus Jungfernöl und raffiniertem (also erhitztem) Öl. *Naturrein* oder *naturbelassen* dürfen ausschließlich *kaltgepreßte Öle* genannt werden.

Öle reagieren besonders empfindlich auf Sauerstoff- und Lichteinwirkung. Deshalb sind Flaschen aus dunklem Glas am günstigsten. Angebrochenes Öl wird im Kühlschrank aufbewahrt.

Butter lagert gut verpackt im Kühlschrank, am besten bei Temperaturen zwischen 4 und 6 °C.

ZUBEREITUNG – KURZ, SCHONEND, DELIKAT

Um den natürlichen Geschmack und das Aussehen hochwertiger Lebensmittel nicht zu beeinträchtigen, sollen sie möglichst einfach, kurz und unkompliziert zubereitet werden. Es kommt entscheidend auf die jedem Produkt gemäße Kochmethode an!

Küchentechnik: Schon beim Vorbereiten von Gemüse und Obst, aber auch von Fleisch und Fisch spielt die richtige, sinnvolle, die Inhaltsstoffe möglichst schonende Küchentechnik eine Rolle.

Beim *Putzen von Gemüse und Obst* arbeitet man mit einem scharfen Messer und läßt die Nahrungsmittel (zum Beispiel Pilze) auf keinen Fall im Wasser liegen.

Zum *Schälen* verwendet man ein Spezialmesser, damit sich die Schale möglichst dünn entfernen läßt.

Das *Waschen* erfolgt immer vor dem Zerkleinern der Nahrungsmittel in kaltem Wasser. Wurzelgemüse wird gebürstet.

Zum *Schneiden* gibt es spezielle Messer für die verschiedenen Nahrungsmittel. Die Produkte werden erst kurz vor der Weiterverarbeitung gehackt oder in Stücke, Scheiben, Streifen, Stifte geschnitten.

Zum *Raspeln* braucht man ganz unter-

Champignons und andere Pilze, die nicht zu stark verschmutzt sind, säubert man mit einem Pinsel, also ohne Wasser; die Stielenden werden abgeschnitten.

schiedliche Geräte; vor allem für Rohkostsalate wird das Gemüse geraspelt.
Durch *Reiben* bzw. *Hacken* (Cuttern) zerkleinert man Nahrungsmittel in feine Partikel; sie sind besonders leicht verdaulich.

Gartechniken: Von manchen althergebrachten Gartechniken sollten wir uns besser verabschieden, bewirken sie doch beträchtliche Nähr- und Vitalstoffverluste. Vor allem Vitamine gehen dabei großteils verloren.
Kochen im Topf (mit Deckel) führt zu Wertverlusten, da die Nahrungsmittel im Wasser ausgelaugt werden. Beim Garen von Teigwaren geht es aber nicht ohne Kochen.
Dämpfen in möglichst gut schließenden Töpfen mit Siebeinsatz ist eine besonders schonende Gartechnik, da der Wasserdampf die Inhaltsstoffe kaum beeinträchtigt. Die Methode eignet sich für Gemüse, Kartoffeln, Fisch und zartes Fleisch.
Dünsten kann man in flachen und gutschließenden Töpfen oder in hitzebeständiger Folie; bei dieser Gartechnik, die bei Gemüse, Fisch und zartem Fleisch angewandt wird, kommt es nur zu geringen Verlusten.
Schmoren von großen Fleischstücken oder gefüllten Gemüsen im Edelstahltopf, Bratgeschirr oder Römertopf führt zur Zerstörung hitzeempfindlicher Vitamine. Wichtige Nährstoffe bleiben aber auch im Saft erhalten.
Braten in der Stielpfanne, im Brattopf oder in Bratfolie zerstört die hitzeempfindlichen Vitamine, andere Nährstoffe werden nicht beeinträchtigt. Der Energiegehalt ist durch Fett höher.
Backen in Back- oder Auflaufformen sowie auf dem Blech bedeutet kaum Verluste; allerdings werden hitzeempfindliche Vitamine zerstört.
Fritieren von Fleisch, Kartoffeln, Gemüse, Gebäck im Fettbad bewirkt, daß die Speisen fett und schwer verdaulich werden. Das Fett (Erdnußöl) muß auf jeden Fall oft erneuert werden.

Beim Garen von Gemüse, Fisch oder zartem Fleisch in der hitzebeständigen Folie bleiben die wertvollen Inhaltsstoffe weitgehend erhalten.

Der Eigengeschmack der Lebensmittel wird bei der Zubereitung in einem Wok bewahrt; die Garzeit ist außerdem besonders kurz.

Grillen von kleineren Fleisch- oder Fischstücken, Geflügel und Gemüse hat den Effekt, daß die Speisen energiearm sind. Hitzeempfindliche Vitamine gehen allerdings zugrunde.

Garen im Wok: Im asiatischen Spezialtopf erfolgt der Garvorgang schnell, schonend und mit geringer Fettzugabe. Die Nährstoffe von Gemüse, Fleisch, Fisch und Getreide bleiben großteils erhalten.

Zubereitung von Gemüse und Obst: Natürlich sind Gemüse und Früchte roh am wertvollsten. Unter den Gartechniken hat sich das *Dünsten*, also das Garen in nur wenig Wasser oder ganz ohne Wasserzusatz bei Temperaturen knapp unter 100 °C, als die schonendste Methode erwiesen. Je mehr Wasser notwendig ist, um so größer sind die Verluste, falls das Wasser nicht mitverwendet wird. Kocht man Gemüse, das nicht aus biologischem Anbau kommt, tut man gut daran, wegen der Schadstoffbelastung das Kochwasser wegzugießen. Gemüse wird nicht zerkocht, sondern mit Biß gegart. Kochbrühe von Bio-Gemüse verwendet man natürlich für Suppen und Saucen weiter.
Nach Beendigung des Garvorgangs sollten Obst und Gemüse sofort gegessen oder kühl aufbewahrt werden. Langes Warmhalten schadet dem Geschmack und dem Wirkstoffgehalt.

Zubereitung von Kartoffelgerichten: In der Schale gekochte Kartoffeln verlieren

Dämpfen mit Siebeinsatz in einem gutschließenden Topf ist die schonendste Art der Zubereitung von jungem Gemüse und Kartoffeln. Sie kommen danach sofort auf den Tisch.

beim Garen weniger Wirkstoffe als geschälte.
Geschälte Kartoffeln werden unzerschnitten kurz in kaltem Wasser gewaschen, denn Vitamin B und C sind wasserlöslich. Kartoffeln zerschneidet man erst kurz vor dem Kochen. Sie werden mehr gedünstet als gekocht. Besonders schonend ist das Dämpfen im Siebeinsatz. Kartoffeln sofort verzehren.

Zubereitung von Fleischgerichten: Die Gartechnik beim Fleisch hängt auch von der Fleischart und vom jeweiligen Stück ab. Mageres, bindegewebsarmes Fleisch wird durch langes Erhitzen trocken, da die Globuline und Albumine zwischen 60 und 75 °C gerinnen und dabei Wasser abgeben. Bindegewebsreiches Fleisch muß länger gegart werden, damit sich das Kollagen in leicht kaubare Gelatine umwandelt.

- Für mageres Fleisch empfiehlt sich das *Braten* oder *Grillen* bei großer Hitze und kurzer Garzeit. Günstig ist, das Fleisch einen Tag vorher einzukaufen, weil es dann mürber wird.
- Fleisch wird vor der Zubereitung kurz kalt gewaschen, allerdings unzerkleinert, damit Vitamin B1 und wertvolle Mineralstoffe nicht ausgewaschen werden. Anschließend trockentupfen.
- Kurzgebratene Fleischstücke sollten erst nach dem Garen gesalzen werden, um Saftverlust zu vermeiden. Danach in Alufolie wickeln und ruhen lassen.

Mageres Fleisch wird besonders zart und schmackhaft, wenn es gegrillt wird.

- Das Fleischstück soll beim Wenden nicht angestochen werden.
- Fett- und Bindegewebsränder einschneiden, um das Stück in Form zu halten.
- Fleisch in heißem, aber nicht zu heißem Fett anbraten; die Poren schließen sich, der Saft kann nicht austreten. (Scharfes Anbraten vermeiden!)
- Tiefgefrorenes Fleisch erst kurz vor der Zubereitung auftauen, kalt waschen, abtupfen und anbraten oder grillen, damit es nicht trocken wird. Große Bratenstücke am besten in Bratfolie garen.

Zubereitung von Geflügel: Größtmögliche Sauberkeit ist beim Garen von Geflügel nötig, da die Gefahr einer Salmonelleninfektion groß ist. Das gilt vor allem für tiefgefrorene Hähnchen, Poularden, Enten, Gänse. Man läßt sie ohne den Plastikbeutel auftauen und entfernt das Tauwasser. Dann kalt waschen und trockentupfen. Kontakt zu anderen Lebensmitteln meiden! Schüsseln, Bretter, Bürsten und Lappen nach Gebrauch gründlich mit viel heißem Wasser spülen, die Hände natürlich auch! Das Geflügel gut durchgaren! Wenigstens 10 Minuten lang muß auch im Innern des Geflügels eine Temperatur von mindestens 75 °C herrschen (Fleischthermometer).

Fischzubereitung: Bei frischem Fisch müssen nach Bedarf Flossen und Kopf abgeschnitten und die Schuppen (mit einem großen, schräg gestellten Messer von hinten nach vorn) entfernt werden. Fisch sauber abwaschen (bei „blau" zubereiteten

Mit einem schräg gestellten Messer wird der Fisch von den Schuppen befreit.

Fischen die Schleimschicht nicht verletzen!). Mit spitzem Messer den Bauch vom Schwanz bis zum Kopf vorsichtig aufschneiden, den Fisch ausnehmen und den Schlund abschneiden. Fisch unter fließendem Wasser gründlich auswaschen. Nicht im Wasser liegen lassen! (Küchenfertig gekaufter Fisch wird ebenfalls gewaschen bzw. aufgetaut.)
Nach dem Waschen und Abtupfen wird Fisch mit wenig Zitronensaft mariniert, weil so ein Teil des Eiweißes gerinnt und das Fleisch fester und leichter verdaulich wird.
Zum Braten verwendet man wasserfreies Fett oder Öl (kein kaltgepreßtes). Erst kurz vor Ende der Garzeit salzen, weil der Fisch sonst Flüssigkeit abgibt und wichtige Inhaltsstoffe verlorengehen.
Räucherfisch und Marinaden sollten eine Stunde vor der Mahlzeit aus dem Kühlschrank genommen werden; sie sind dann aromatischer.

Zubereitung mit Fett: Fette erhöhen den Sättigungs- und Genußwert von Speisen, weil beim Garen in Fett die Geschmacksstoffe verstärkt werden.
Butter und Reformmargarine sind vor allem Streichfette, aber auch zum Backen und Kochen (nicht zum Braten) geeignet.

Kaltgepreßte Öle aus erster Pressung sind für Salatmarinaden unersetzlich.

Kaltgepreßte Öle werden für Salate und für Remouladen gebraucht; zum Braten nimmt man das weniger wertvolle warmgepreßte Öl.
Schweineschmalz dient als Brotaufstrich, aber auch zum Backen und Braten. Es ist jedoch schwer verdaulich, enthält vorwiegend gesättigte Fettsäuren; entsprechend sparsam sollte man, wenn überhaupt damit umgehen. Fette dürfen nicht überhitzt werden, weil sich sonst gesundheitsschädliche Spaltprodukte entwickeln können. Der Beginn des Zersetzungsprozesses wird als Rauchpunkt bezeichnet.
Fetthaltige Nahrungsmittel sind ungenießbar, wenn das Fett verdirbt. Das gilt besonders für Butter. Margarine und Pflanzenöle werden nicht so schnell ranzig, weil sie meist viel Vitamin E enthalten.

Geniesser-Rezepte

Natürlich hat alles wunderbar geschmeckt, was unsere Mütter und Grossmütter Anno dazumal auf den Tisch brachten. Doch vieles, das einst mit Lust und Appetit verzehrt wurde, liegt uns heute mächtig im Magen, ist zu üppig, zu fett, zu schwer für unsere Lebensweise. Aber selbst Gänsebraten und Linseneintopf, Knödel und Kaiserschmarren können leichter und bekömmlicher werden.

Geniessen wie früher – kochen wie heute: Bei richtiger Zubereitung sind selbst deftige Regionalgerichte ein Genuss, den niemand bereuen muss. Mit frischen Zutaten aus naturnaher Erzeugung fängt alles an. Dann tritt die andere, die neue Küche auf den Plan: statt Weissmehl, Schmalz und dicker Tunken gibt's frisch gemahlenes Getreide, feines Öl und Gemüsesaucen. Und all das ist nicht nur gesünder, es schmeckt sogar noch besser.

Sauerkrautsalat mit Heringen (Foto)

So war's früher

Man hat früher Sauerkrautsalate noch mit Fleisch gemischt und mit gekochten Eiern garniert. Das war zuviel des Guten. Auch waren die Portionen viel zu üppig.

So ist's heute

Sauerkrautsalat mit Hering kann mit kernigem Vollkornbrot zu einer ganzen Mahlzeit werden.

Tip von Ingrid Biedenkopf

Auch Ananasscheiben, Aprikosen, Birnen oder Pfirsiche passen zu Sauerkrautsalat (zur Garnierung das entsprechende Obst verwenden). Mit frischem, feingeschnittenem Weißkohl statt mit Sauerkraut ist ebenfalls der Salat ein Hochgenuß.

Beim Sauerkraut gibt es erhebliche Qualitätsunterschiede. Kaufen Sie offenes, mildes Sauerkraut, das auf dem Markt angeboten wird.

Für 4 Personen

400 g mildes Sauerkraut
200 g eingelegte Heringsfilets
50 g Frühlingszwiebeln
50 g Zwiebeln, geschält
200 g Äpfel
100 g Möhren
1/4 l saure Sahne
Meersalz
1 EL Honig
Pfeffer aus der Mühle
4 Salatblätter
1/2 Bund Kerbel

1. Das Sauerkraut grob schneiden und in eine größere Schüssel geben. Die Heringsfilets in kleine Würfel, Frühlingszwiebeln in feine Ringe schneiden, Zwiebeln fein hacken. Äpfel schälen und in feine Würfel schneiden. Möhren in Scheiben schneiden und weich dämpfen.

2. Sauerkraut mit saurer Sahne, Heringsstücken, Zwiebeln, Apfelwürfeln und Möhren vorsichtig mischen (etwas saure Sahne, ein paar Zwiebelringe und Apfelwürfel beiseite legen) und den Salat mit wenig Salz, Honig und Pfeffer gut abschmecken. Auf Tellern mit einem Salatblatt anrichten und mit einem Klecks saurer Sahne, 3 grünen Zwiebelscheibchen und 2 Apfelstückchen garnieren. Kerbel obenauf geben

Tomatensalat

Für 4 Personen

800 g Tomaten, sonnengereift
100 g Zwiebeln, geschält
1 EL Basilikum oder Schnittlauch
Meersalz, Pfeffer aus der Mühle
2 EL Apfelessig
4 EL kaltgepreßtes Olivenöl
saure Sahne und Basilikumblättchen zum Garnieren

1. Die Tomaten waschen, den Strunk herausschneiden, die Tomaten in Scheiben schneiden. Zwiebeln fein hacken, Basilikum oder Schnittlauch fein schneiden.

2. Die Tomatenscheiben mit Salz, Pfeffer, Basilikum, Essig und Öl so vorsichtig mischen, daß die Scheiben ganz bleiben. Den Salat im Kühlschrank kurz durchziehen lassen, anrichten und mit saurer Sahne und Basilikumblättern garnieren.

Rotkohlsalat

So war's früher

Man ging verschwenderisch mit weißem Zucker und Salatöl um.

So ist's heute

Kaltgepreßte Öle und köstlich aromatisierter, natürlich vergorener Essig stehen uns zur Verfügung.

Für 4–6 Personen

1 kg Rotkohl
1 EL Vollrohrzucker
Saft von 1 Zitrone
1/2 TL Kümmel
Meersalz, Pfeffer
2 EL Rotwein
2 EL kaltgepreßtes Öl
2 EL Apfelessig oder Aceto balsamico

Den Rotkohl putzen. Den Strunk und die dicken Blattstiele entfernen und dann den Kohl sehr fein schneiden. Anschließend mit Zucker, Zitronensaft, Kümmel, Salz, Pfeffer und Rotwein vermengen und fest kneten. 2 Stunden kalt stellen und mit Öl und Essig nochmals gut durchmischen.

Warmer Krautsalat

Küchen-Tip

Besonders edel zum Warmen Krautsalat sind rosa gebratene Entenbrustscheibchen statt Puten- oder Hühnerbrust.

Für 4–6 Personen

800 g Weißkohl
Meersalz
4–5 EL Weinessig oder Mostessig
50 g Vollrohrzucker
Meersalz, Pfeffer
1/2 TL Kümmel
3 Knoblauchzehen, geschält
4–5 EL kaltgepreßtes Sonnenblumenöl
200 g geräucherte Hühner- oder Putenbrust

1. Den Weißkohl putzen, in feine Streifen schneiden und mit Salz gut durchkneten.
2. Den Wein- oder Mostessig mit etwas Wasser aufkochen, zuckern, mit Salz, Pfeffer und Kümmel würzen. Feingehackten Knoblauch, Öl und die in kleine Würfel geschnittene Hühner- oder Putenbrust beimengen und alles über den feingeschnittenen Weißkohl geben. Zugedeckt etwa 20 Minuten marinieren lassen.

Gurkensalat mit saurer Sahne

Für 4 Personen

700 g Gurken
3 EL saure Sahne
Meersalz
Pfeffer aus der Mühle
Saft von 1/2 Zitrone
2 TL Dill, fein gehackt

1. Die Gurken schälen und in feine Scheiben hobeln.
2. Die Sahne mit Salz und Pfeffer würzen, den Zitronensaft und den Dill dazugeben, die Marinade gut durchrühren und zu den Gurken geben.

Gurken-Kartoffel-Salat

Für 4 Personen

200 g mehligkochende Kartoffeln
300 g Salatgurken
Meersalz
2 zerdrückte Knoblauchzehen
4 EL saure Sahne
Pfeffer aus der Mühle
3 EL naturreiner Apfelessig
2 EL kaltgepreßtes Olivenöl
1 EL Petersilie, fein gehackt

1. Kartoffeln waschen und mit der Schale im Siebeinsatz weich dämpfen. Abkühlen lassen, pellen und in Scheiben schneiden.
2. Bei Freilandgurken die Spitzen wegschneiden, Gurken schälen, der Länge nach halbieren und mit einem Eßlöffel die Kerne entfernen. Gurkenhälften in eine Schüssel hobeln, salzen, 20 Minuten ziehen lassen und auspressen. Treibhausgurken mit der Schale hobeln und nicht entkernen.
3. Gurken und Kartoffeln mischen und mit Knoblauch, saurer Sahne, Meersalz, Pfeffer, Essig und Öl anmachen. Im Kühlschrank kurz durchziehen lassen, anrichten und mit gehackter Petersilie bestreuen.

So war's früher

Häufig wurden Salate mit fetter Mayonnaise angemacht. Dabei schmeckt ein Kartoffelsalat, warm mit Essig, Öl und Zwiebeln mariniert, am besten.

So ist's heute

Saure Sahne ist eine ausgezeichnete Alternative. Sie hat um 80 % weniger Fett als Mayonnaise.

Küchen-Tip

Kaltgepreßte Öle haben in der heutigen Ernährung große Bedeutung. Und natürlich vergorener Apfelessig reift im Eichenfaß zu einer wahren Delikatesse.

Erfurter Blumenkohlsalat (Foto)

Früher war Erfurt das Zentrum des deutschen Blumenkohlanbaus. Damit der Kohl schön weiss bleibt, kochten ihn die Erfurter Hausfrauen am liebsten in Selterswasser mit Milch.

Für 4 Personen

1 kleiner Blumenkohl, Salz
1/8 l Milch
4 kleine Möhren
1 EL Küchenkräuter (z.B. Petersilie, Schnittlauch, Pimpinelle), fein gehackt
1 Zwiebel, in kleine Würfel geschnitten
2 Knoblauchzehen, geschält, gepreßt
3 EL Apfelessig oder Aceto balsamico
2 EL kaltgepreßtes Olivenöl
1/8 l saure Sahne
Meersalz, Pfeffer aus der Mühle

1. Blumenkohl in Röschen teilen, in kochendem Salzwasser mit Milch bißfest kochen.
2. Möhren schälen, in Scheiben schneiden und während der letzten 5 Minuten mitkochen. Das Wasser abgießen.
3. Den Salat noch lauwarm mit allen Zutaten anmachen und im Kühlschrank 1 Stunde durchziehen lassen.

Tip von Ingrid Biedenkopf

Durch viele verschiedene Kräuter, feingewürfelte Paprikaschoten, Jungzwiebelringe, Tomatenwürfel kann Blumenkohlsalat immer wieder anders aussehen. In heißer Jahreszeit schmeckt eine Pellkartoffel köstlich dazu. Sie ergänzt den Salat zu einem leichten, frischen Imbiß.

Puffbohnensalat

In verschiedenen deutschen Landstrichen nennt man die dicken Bohnen auch Acker-, Pferde- oder Saubohnen. In Thüringen heissen sie Puff- oder Buffbohnen.

Für 4 Personen

1 kg dicke Bohnen (Puffbohnen)
Meersalz
je 1 rote und grüne Paprikaschote
1 Zwiebel, geschält
Für die Marinade:
4 EL kaltgepreßtes Pflanzenöl
2 EL Apfelessig oder Aceto balsamico
Meersalz
1 TL Honig
1 EL Petersilie, fein gehackt
Pfeffer aus der Mühle

1. Die Bohnen aus den Hülsen lösen und in leicht gesalzenem Wasser bei schwacher Hitze in etwa 1/2 Stunde weich kochen. Abgießen und gut abtropfen lassen.
2. Paprikaschoten halbieren, Stielansätze, Kerne und Scheidewände entfernen, die Hälften sowie die Zwiebel in kleine Würfel schneiden.
3. Für die Marinade Öl, Essig, Salz, Honig, Petersilie und Pfeffer verrühren und alles mit den warmen Bohnen vermischen. Den Salat in den Kühlschrank stellen und gut durchziehen lassen.

So war's früher

Mit Vorliebe hat man feingewürfelten Bauchspeck knusprig geröstet und über den Salat gegeben.

So ist's heute

Wer's fleischig mag, kann feingeschnittenen Rinderschinken, geräuchertes Hähnchenfleisch oder Putenbrust in winzigen Würfeln über die Puffbohnen streuen.

Bunter Nudelsalat mit oder ohne Huhn (Foto)

So war's früher

Früher wurden Nudelsalate mit Mayonnaise angemacht und mit Schweinswürsten oder Schinken angereichert.

So ist's heute

Durch saure Sahne wird der Nudelsalat geschmeidig. Gemüse und Kräuter bringen Vitamine und Mineralstoffe.

Tip von Ingrid Biedenkopf

Ist der Nudelsalat zu fest, kann man etwas Gemüsebrühe zufügen.

Küchen-Tip

Tomaten und Gurken sollten nur gegessen werden, wenn sie Saison haben und sonnengereift sind. Dann stecken sie voll mit Vitaminen und Aroma. Übrigens sind Salatplatten am Abend nicht so bekömmlich.

Für 4 Personen

250 g Teigwaren (z.B. Hörnchen, Krawättchen oder Spirelli), Meersalz
100 g gekochtes Hühnerfleisch in kleinen Stücken (nach Wunsch)
50 g gedämpfte Möhrenscheiben
50 g Zucchini, in kleine Würfel geschnitten
100 g Tomaten, gehäutet und in kleine Würfel geschnitten
3 EL saure Sahne
2 EL Kerbel oder Petersilie, fein gehackt
1 EL Zitronensaft
Pfeffer aus der Mühle

1. Nudeln in kochendem Salzwasser nicht zu weich kochen, auf ein Sieb gießen und erkalten lassen.
2. Mit dem Hühnerfleisch, Möhrenscheiben, Zucchini- und Tomatenwürfeln mischen. Saure Sahne mit Kerbel, Zitronensaft, Salz und Pfeffer verrühren und würzig abschmecken. Alle Zutaten vermischen.
3. Zum Durchkühlen 1 Stunde in den Kühlschrank stellen.
4. Mit einem nassen Suppenlöffel auf Teller stürzen und mit frischem Kerbelkraut nett garnieren.

Gurken-Tomaten-Kartoffel-Salat

Für 4 Personen

200 g mehligkochende Kartoffeln
200 g Freilandgurken, Meersalz
200 g Freilandtomaten
100 g Frühlingszwiebeln
4 EL kaltgepreßtes Olivenöl
3 EL Apfelessig
1 EL Schnittlauch, fein geschnitten
Pfeffer aus der Mühle
saure Sahne zum Garnieren

1. Kartoffeln mit der Schale im Siebeinsatz dämpfen, dann noch heiß pellen. Von den Gurken die Spitzen entfernen, Gurken schälen, der Länge nach halbieren und entkernen. In eine Schüssel hobeln, salzen, 20 Minuten stehenlassen und das Wasser ausdrücken. Mit den in Scheiben geschnittenen Kartoffeln mischen.
2. Tomaten waschen, Stielansätze entfernen und die Tomaten in kleine Schnitze schneiden. Frühlingszwiebeln in ganz feine Ringe schneiden.
3. Kartoffeln und Gurken zuerst mit zwei Dritteln einer Marinade aus Öl, Essig, Salz, Schnittlauch, Zwiebeln und Pfeffer gut vermischen.
4. Tomaten mit dem restlichen Drittel der Marinade extra anmachen und zuletzt auf dem Kartoffel-Gurken-Salat anrichten. Mit saurer Sahne und Schnittlauch garnieren.

Kartoffelsalat

So war's früher

Früher wurden an Wochentagen meist Gerichte aus Kartoffeln und Nudeln gegessen, nur am Sonntag gab es Fleisch.

So ist's heute

Wir verzehren heute pro Kopf rund 70 kg Kartoffeln im Jahr. Das klingt zwar viel, doch sollten wir noch mehr Gemüse und Kartoffeln essen.

Tip von Ingrid Biedenkopf

Geben Sie je nach Menge 1 oder 2 Teelöffel Honig zum Kartoffelsalat, das rundet den Geschmack ab.

Für 4 Personen

1 kg festkochende Kartoffeln
je 1 rote, grüne und gelbe Paprikaschote
100 g Zwiebeln, geschält
1 Bund Schnittlauch oder Petersilie
1/2 l heiße Gemüsebrühe
4 EL kaltgepreßtes Olivenöl
4 EL Apfelessig
Meersalz, Pfeffer aus der Mühle

1. Kartoffeln waschen, im Siebeinsatz weich dämpfen, pellen und noch warm in nicht zu dicke Scheiben schneiden.
2. Inzwischen die Paprikaschoten halbieren, Stielansätze, Kerne und Scheidewände entfernen und Paprika in sehr kleine Würfel schneiden. Zwiebeln fein hacken. Schnittlauch sehr fein schneiden.
3. Die Kartoffeln mit allen Zutaten warm anmachen und im Kühlschrank 2 Stunden durchziehen lassen. Den Salat evtl. mit etwas Gemüsebrühe verfeinern, falls er zu sehr andickt.

Marinaden – Dressings

Die Qualität von Essig und Öl ist entscheidend. Verwenden Sie nur natürlich vergorenen Apfel- oder Mostessig, Weiss- oder Rotweinessig. Apfelessig oder Aceto balsamico schmeckt hervorragend. Die Öle sollten kaltgepresst sein und immer im Kühlschrank aufbewahrt werden, am besten in dunklen Flaschen.

Essig-Öl-Sauce

2 Teile kaltgepreßtes Öl
1 Teil Essig
1 Teil Wasser
1 TL Honig

Die Zutaten in einer Schüssel cremig verrühren. Die Marinade sofort verwenden. Sie eignet sich für Blattsalate und Gemüsesalate aller Art. Bringen Sie Abwechslung in die Dressings durch Nußöle, Kürbiskernöl, Leinöl, Sesamöl, Sojaöl, Distelöl, Traubenkernöl, Hanföl, Sonnenblumenöl.

Joghurtsauce mit Kräutern

3 Teile Joghurt (Sanoghurt oder Bioghurt), 1 Teil saure Sahne, 1 Teil Essig, Meersalz, Pfeffer aus der Mühle, 1 TL Honig, feingehackte Schalotten, Petersilie, Schnittlauch, Estragon, Dill, ein paar Basilikumblättchen

Joghurt, saure Sahne, Essig, Salz, Pfeffer und Honig verrühren. Die Kräuter sehr fein hacken, mit den übrigen Zutaten vermischen und die Sauce kalt stellen. Verwendung für Blattsalate sowie Salate aus rohem und gekochtem Gemüse.

Salatsauce mit Kürbiskernöl

1 Teil kaltgepreßtes Kürbiskernöl
1 Teil Mostessig, 1/2 Teil Wasser, Meersalz
Pfeffer aus der Mühle
feingehackte Schalotten
zerdrückter Knoblauch

Alle Zutaten gut miteinander vermischen, mit dem Schneebesen aufschlagen.

Saure-Sahne-Sauce

2 Teile dicke saure Sahne
1 Teil kaltgepreßtes Öl
1 Teil Apfelessig oder Aceto balsamico
1 TL frisch gehackte Kräuter

Alle Zutaten gut miteinander vermischen und cremig aufschlagen.

Senfsauce

2 Teile kaltgepreßtes Öl
1 Teil Senf
1 Teil Wasser
1/2 Teil Weinessig
1 TL Honig, Meersalz
Pfeffer aus der Mühle
nach Geschmack auch Knoblauch

Die Zutaten in einer Schüssel mit dem Schneebesen gut verrühren. Das Öl muß ganz gebunden sein; wenn nötig, noch etwas Wasser dazugeben.

So war's früher

Früher wurde hauptsächlich natürlich vergorener Apfelessig verwendet, weil er aus Most gemacht und billig war. Bei den Ölen achtete man zuwenig darauf, daß sie kaltgepreßt waren.

So ist's heute

Die kaltgepreßten Öle gewinnen immer mehr an Bedeutung – wegen ihrer wertvollen Inhaltsstoffe, aber auch wegen des Geschmacks.

Tip von Ingrid Biedenkopf

Für ein Kartoffeldressing mit feingewürfeltem Hähnchen verwenden Sie die Essig-Öl-Sauce und fügen 1–2 mit der Gabel feinzerdrückte gekochte Kartoffeln hinzu. Die Sauce soll schön sämig sein. 80 g in Würfel geschnittenes Fleisch vom Räucherhähnchen werden in etwas Butterschmalz sautiert und unter die Marinade gerührt. Das Dressing paßt zu Blattsalaten.

Leipziger Suppentopf (Foto)

SO WAR'S FRÜHER

Suppentöpfe galten früher als Hauptgerichte. Man stellte den ganzen Topf auf den Tisch, und jeder konnte sich herausschöpfen, bis er satt war. Dazu gab es noch Graubrot. Manchmal wurden auch Nudeln mitgekocht.

SO IST'S HEUTE

Auf jeden Fall sollte die Fleischmenge deutlich reduziert, dafür aber mehr Gemüse verwendet werden.

KÜCHEN-TIP

Für einen Suppentopf kann man praktisch jede Art von Fleisch verwenden. Dazu kommen je nach Saison und Geschmack Möhren, Stangensellerie, Fenchel, Zucchini oder Pilze. Wird auf das Fleisch ganz verzichtet, gibt man etwas Sahne in den Suppentopf.

FÜR 4 PERSONEN

200 g Rindfleisch (Hohe Rippe oder Rinderbrust)
Meersalz
1 l Wasser
50 g Porree
2 EL Öl
je 100 g Wirsing, Möhren, Sellerieknolle, Kohlrabi
Muskat
Pfeffer aus der Mühle
1 EL Schnittlauch, fein geschnitten

Für die Nockerln:
60 g Butter
1 Ei
Meersalz
Muskat
120 g Grieß

1. Das Rindfleisch abspülen und in kochendes Salzwasser einlegen. Weich kochen, herausnehmen und abkühlen lassen. Porree in feine Ringe schneiden, in Öl anschwitzen und in die Suppe geben. Den Wirsing grob schneiden. Möhren, Sellerie und Kohlrabi schälen, kleinschneiden und ebenfalls dazugeben. Das Gemüse in der Suppe weich kochen.

2. In der Zwischenzeit die Grießnockerln machen. Butter schaumig rühren, Ei dazugeben, die Masse mit Salz und Muskat würzen. Zuletzt den Grieß unterrühren und den Grießnockerlteig im Kühlschrank 1/2 Stunde durchkühlen lassen.

3. Salzwasser zum Kochen bringen, mit einem Teelöffel aus der Grießmasse kleine Nockerln abstechen und diese einlegen. Etwa 10 Minuten kochen lassen, dann den Topf vom Herd nehmen und die Nockerln zugedeckt 5 Minuten ziehen lassen.

4. Das kleingeschnittene Fleisch in den Suppentopf geben, gut mit Muskat und Pfeffer würzen, auf Suppentellern anrichten, die Grießnockerln darauflegen und die Suppe mit frischem Schnittlauch bestreuen.

Kohlsuppe Thüringer Art

So war's früher

Man kochte damals viel mit Rindertalg oder Schweinefett. Zudem hat man bei Eintöpfen oft Wurst und Fleisch zugleich verwendet. Statt Kohl wurde oft auch Sauerkraut für solche Töpfe genommen.

So ist's heute

Da heutzutage kaum noch jemand schwere Arbeiten verrichten muß, ist ein solcher Eintopf, der früher als Kraftnahrung galt, heute durch mageres Fleisch und Verzicht auf fette Wurst leichter geworden.

Tip von Ingrid Biedenkopf

Statt mit Fleisch kann man diesen Eintopf auch mit einer Basenbrühe oder Gemüsebrühe aus Fertigprodukten (Reformhaus) herstellen und mit kleingeschnittener Wurst (Puten- oder Geflügelwurst) oder Würfeln von geräuchertem Hähnchenfleisch anreichern.

In manchem Bauernhaus brodelte die Kohlsuppe früher den ganzen Tag über leise auf dem Herd, und jeder, der hungrig vom Feld heimkam, nahm sich eine Portion.

Für 4 Personen

400 g Rinderbrust
1 1/2 l Wasser
Meersalz
je 100 g Zwiebeln und Porree
500 g Grünkohl oder Wirsing
je 200 g Petersilienwurzeln und Möhren
5 Knoblauchzehen
3 EL Olivenöl
2 Lorbeerblätter
6 Wacholderbeeren
1 TL pflanzliche Streuwürze
Pfeffer aus der Mühle
3 EL saure Sahne
1 EL Schnittlauch, fein geschnitten

1. Rinderbrust waschen und abtropfen lassen. Wasser in einen Kochtopf geben, aufkochen, salzen, Rinderbrust darin in etwa 30 Minuten weich kochen. Dann die Brühe abseihen und das Fleisch klein würfeln.

2. In der Zwischenzeit Zwiebeln schälen und fein hacken, Porree putzen, waschen und in feine Ringe schneiden. Gemüse in Scheibchen oder Würfel teilen. Vom Kohl den Strunk entfernen und das Wurzelgemüse in nicht zu kleine Stücke schneiden. Den Knoblauch schälen und zerdrücken.

3. Das Olivenöl in einen Topf geben, Zwiebeln und Porree darin anbraten und das Gemüse sowie Lorbeerblätter und Wacholderbeeren zugeben. Mit der Fleischbrühe aufgießen und alles weich kochen.

4. Mit Streuwürze, Salz, Knoblauch und Pfeffer abschmecken und das Fleisch untermischen. Den Suppentopf vom Herd nehmen und die Kohlsuppe auf Suppentellern oder in einer Schüssel anrichten. Die gut durchgerührte saure Sahne als Garnierung mit einem Löffel daraufgeben und die Suppe mit Schnittlauch bestreuen.

Gemüsebrühe/Bouillon

Wird zum Aufgiessen von Suppen gebraucht und sollte stets frisch zubereitet und in ausreichender Menge vorhanden sein.

3 l Wasser
500–700 g Gemüse (nach Jahreszeit gemischt, z.B. Petersilienwurzeln, Möhren, Sellerieknolle, Fenchel, ein paar Kohlblätter, Kohlrabi, wenig Porree, Stangensellerie)
1 Knoblauchzehe, zerdrückt
ca. 25 g Zwiebeln, fein gehackt
4 Lorbeerblätter
1 TL Wacholderbeeren
Meersalz
Hefeextrakt, Muskat
möglichst auch frisches Liebstöckel- und Selleriegrün

1. Wasser in einen großen Topf gießen. Das Wurzelgemüse mit einer Bürste unter fließendem Wasser gut reinigen, schälen und sehr klein schneiden. In den Kochtopf geben; das Wasser zum Kochen bringen.
2. Restliches Gemüse sowie die übrigen Zutaten zugeben und ca. 20 Minuten mehr ziehen als kochen lassen. Durch ein Leinentuch oder Haarsieb gießen und nach Geschmack mit etwas Hefeextrakt und frisch abgeriebener Muskatnuß nachwürzen.

Küchen-Tip

Wird die Gemüsebrühe als Gemüsebouillon verwendet, so gibt man zum Schluß ein paar Tropfen Sojasauce und kaltgepreßtes Öl in die Suppe.

Gemüsebrühe mit Quarkklößchen

Für 4 Personen

Für die Quarkklößchen:
1 Eigelb
15 g Butter
20 g Emmentalerkäse
50 g Magerquark
Meersalz
Pfeffer aus der Mühle
Muskat
1 TL Weizenvollkornmehl
3/4 l Gemüsebrühe (Rezept siehe oben)
1 EL Schnittlauchröllchen

1. Eigelb mit Butter schaumig rühren. Feinstgeriebenen Emmentaler und Magerquark unterheben. Mit Salz, Pfeffer sowie Muskat würzen und das Weizenvollkornmehl unterrühren. Die Masse 1/2 Stunde zugedeckt in den Kühlschrank stellen. Danach mit 2 Teelöffeln kleine Klößchen formen (ca. 8 Stück) und diese in schwach kochendes Salzwasser einlegen. Gut 10 Minuten ziehen lassen.
2. Herausheben und mit heißer Gemüsebrühe anrichten, mit frisch geschnittenem Schnittlauch bestreuen.

Küchen-Tip

Sie brauchen kein Mehl unter die Masse zu rühren, wenn der Klößchenteig vor dem Kochen 3 Stunden kühl gestellt wird.

Leberknödelsuppe (Foto)

Für 4 Personen

50 g Zwiebeln, fein gehackt
1 EL Olivenöl
50 g Butter
200 g Kalbsleber oder Rinderleber
1–2 Knoblauchzehen, geschält
2 EL Petersilie, fein gehackt
2 Eier
Majoran
Meersalz
Pfeffer aus der Mühle
2 altbackene Brötchen
oder 100 g Knödelbrot
40 g Paniermehl (Semmelbrösel)
3/4 l Gemüsebouillon
1 EL Schnittlauchröllchen

1. Die feingehackte Zwiebel in Olivenöl anbräunen. Butter dazugeben und zerlassen. Zusammen mit der Leber, Knoblauch und Petersilie durch die feine Scheibe des Fleischwolfs drehen. Die Eier, Majoran, Salz und Pfeffer zugeben. Die Brötchen in kleine Würfel schneiden, daruntermischen und durchziehen lassen.
2. Die Masse, falls notwendig, mit Paniermehl binden. Kleine Klöße formen und in schwach kochendem Salzwasser garen. Ca. 10 Minuten mehr ziehen als kochen lassen. In Gemüsebouillon servieren. Mit Schnittlauch bestreuen.

So war's früher

Die Qualität von Innereien war früher besser als heute, daher konnte man Leber noch ungeniert essen. Ein Schwein hatte damals sogar Auslauf und wurde ca. 12 Monate mit Kartoffeln und Küchenresten gemästet.

So ist's heute

Heutzutage wird ein Schwein in engen Stallungen gehalten, bekommt Medikamente und muß in 5–6 Monaten schlachtreif sein. Sie sollten nur Innereien von artgerecht gehaltenen Tieren verwenden.

Grießnockerlsuppe

Für 4 Personen

60 g Butter
Meersalz
Muskat
1 Ei
120 g Dinkelgrieß
1 TL Schnittlauch, fein geschnitten

1. Die Butter mit Salz und Muskat schaumig rühren. Das Ei und den Grieß einrühren und die Masse im Kühlschrank ca. 1 Stunde quellen lassen.
2. Mit einem Löffel Nockerln abstechen und in kochendem Salzwasser 10 Minuten schwach kochen lassen. Vom Herd nehmen, mit einem Schuß kaltem Wasser abschrecken und zugedeckt weitere 10 Minuten ziehen lassen. In heißer Gemüsebouillon mit Schnittlauch servieren.

Küchen-Tip

Die Leberknödelmasse kann, ohne die Brötchen, zu Leberreis werden, wenn man sie durch ein Spätzlesieb in kochendes Salzwasser streicht. Frischer Majoran verbessert den Geschmack.

Kürbissuppe (Foto)

So war's früher

Früher verwendete man zum Aufgießen von Suppen Fleischbrühen, die einen Säureüberschuß bewirken. Zudem wurden Suppen häufig mit Mehl gebunden und mit Eidottern und Rahm legiert.

So ist's heute

Wir sparen Fett ein, um wertvolle kaltgepreßte Öle einbauen zu können. Durch püriertes Gemüse wird die Suppe leicht verdaulich und ist basisch.

Für 4 Personen

250 g Speisekürbis, geschält und entkernt
100 g mehligkochende Kartoffeln, geschält
50 g Porree oder Frühlingszwiebeln
25 g Butter, Meersalz
1 l Gemüsebrühe (Rezept S. 47)
1 Bund frischer Majoran, abgezupft
Muskat, Pfeffer aus der Mühle
1 TL Honig
2 EL dicke saure Sahne
1 EL kaltgepreßtes Kürbiskernöl
1 EL geröstete und gehackte Kürbiskerne zum Garnieren

1. Kürbisfleisch und Kartoffeln würfelig schneiden. Porree in feine Ringe schneiden und in der Butter anbraten. Kürbis und Kartoffelwürfel zugeben, mitbraten, salzen und mit Gemüsebrühe auffüllen. Weich kochen.
2. Topf vom Herd nehmen. Abgezupfte Majoranblätter, Muskat, Pfeffer, Honig und 1 Eßlöffel saure Sahne zugeben, mit dem Stabmixer pürieren. Die Kürbissuppe anrichten und mit der restlichen sauren Sahne, ein paar Tropfen Kernöl, Kürbiskernen und Majoranblättern garnieren.

Zwiebelsuppe

Nicht nur auf dem Weimarer Zwiebelmarkt kann man eine feine Zwiebelsuppe essen. Auch in privaten Küchen gibt es köstliche Suppen, die häufig süss-sauer abgeschmeckt werden.

Tip von Ingrid Biedenkopf

Auf die gleiche Weise wie Kürbissuppe kann man eine Möhrensuppe kochen, die mit etwas Weißwein abgeschmeckt oder für Festessen auch mit wenig Sekt (ca. 1 Glas) aufgegossen werden kann. Die Majoranblätter läßt man dann weg. Auch die Kürbissuppe schmeckt mit etwas Sekt köstlich.

Für 4 Personen

500 g Zwiebeln
2 EL Olivenöl
1 l Gemüsebrühe
1/8 l Weißwein
Meersalz, Pfeffer aus der Mühle
2–3 Fäden Safran
etwas frischer Ingwer
2 Scheiben Weißbrot
20 g Butter
1 EL Kerbel oder Petersilie, fein gehackt

1. Zwiebeln schälen und in ca. 2 mm dicke Ringe schneiden. Im heißen Olivenöl glasig braten, mit Gemüsebrühe und Weißwein aufgießen, salzen, pfeffern, Safran zugeben und etwa 20 Minuten kochen lassen. Mit ganz fein geschnittenem Ingwer abschmecken.
2. Weißbrot entrinden und in etwa 1 cm große Würfel schneiden. In einer Pfanne Butter erhitzen, die Würfel darin goldgelb rösten.
3. Die Suppe anrichten und mit Weißbrotwürfeln und den gehackten Kräutern bestreuen. Eventuell geriebenen Käse dazu reichen.

Kartoffelsuppe

So war's früher

Für diese Suppe pflegte man Kasslerkamm und Fleischbrühe sowie noch ein Stück Speck extra zu verwenden. Alle diese Ingredienzien sind schwer verdaulich und säurereich!

So ist's heute

Um den typischen Räuchergeschmack in die Kartoffelsuppe zu bekommen, verwenden Sie ein geräuchertes Hühnerbrüstchen. Das ist weniger fett, leichter bekömmlich und schmeckt sehr edel.

Küchen-Tip

Die Kartoffelsuppe kann auch mit kleingeschnittenen Putenwürstchen oder geräucherter Putenbrust abgewandelt werden. Frische Kräuter quer durch den Garten sorgen für den individuellen Geschmack (dann aber weniger Majoran!). Vor dem Servieren einen Klecks saure Sahne auf die Suppe geben!

Für 4 Personen

50 g geräuchertes Hühnerbrüstchen
1 l Gemüsebrühe
50 g Porree oder Frühlingszwiebeln, fein geschnitten
50 g Sellerie, in kleine Würfel geschnitten
50 g Möhren, in dünne Scheiben geschnitten
20 g Butter
300 g mehligkochende Kartoffeln, geschält und kleingeschnitten
Meersalz
2 EL saure Sahne
1 EL frische Majoranblättchen (oder 1 TL getrockneter Majoran)
1 TL Kümmel, gemahlen
2 Knoblauchzehen, gepreßt
Pfeffer
Muskat
etwas pflanzliche Streuwürze
frischer Majoran zum Garnieren

1. Das Hühnerbrüstchen in der kochenden Gemüsebrühe garen, dann klein würfeln. Porree und das Wurzelgemüse in der Butter anschwitzen. Die Kartoffeln zugeben, salzen, mit Gemüsebrühe aufgießen und alles weich kochen. Topf vom Herd nehmen.

2. Die gut durchgerührte saure Sahne, die Majoranblättchen, den Kümmel, den Knoblauch und Pfeffer zugeben. Die Suppe mit dem Stabmixer grob pürieren und mit Meersalz, Muskat und etwas Streuwürze kräftig abschmecken. Das Hühnerfleisch hineingeben und mit frischem Majoran garnieren.

Tomatensuppe

Sonnengereifte Tomaten müssen nicht geschält werden, da die Tomatenhaut nicht stört und zugleich wichtige Ballaststoffe liefert.

Für 4 Personen

200 g Tomaten
100 g mehligkochende Kartoffeln
100 g Zwiebeln
2 Knoblauchzehen
20 g Butter
1 EL Olivenöl
1 EL Tomatenmark
Meersalz
1 l Gemüsebrühe
Muskat
Pfeffer aus der Mühle
1 TL Honig
1/8 l saure Sahne
1 Bund Basilikum, grob gehackt

1. Von den Tomaten den Strunk entfernen. Tomaten in große Stücke schneiden. Kartoffeln schälen und kleinschneiden. Zwiebeln und Knoblauch schälen, Zwiebeln fein hacken, Knoblauch zerdrücken.
2. Butter und Öl in einen Topf geben und die Zwiebeln darin anbraten. Kartoffeln mitbraten, Tomatenmark zugeben, salzen, mit Gemüsebrühe auffüllen und die Suppe kochen lassen. Ca. 10 Minuten vor dem Garwerden der Kartoffeln Tomatenwürfel und Knoblauch zugeben.
3. Vom Herd nehmen, mit Salz, Muskat, Pfeffer und Honig würzig abschmecken, glattgerührte saure Sahne und Basilikumblätter zugeben und alles mit dem Mixstab pürieren. Tomatensuppe anrichten und mit einem Klecks saurer Sahne und Basilikum garnieren.

Sächsische Fliederbeersuppe

Für 4 Personen

500 g frische Holunderbeeren (Fliederbeeren)
1/2 l Wasser
1/2 l Milch
dünn abgeschälte Schale von 1 Zitrone
150 g Äpfel
150 g reife Birnen
1/8 l Sahne
Saft von 1/2 Zitrone
Meersalz
1 Msp. Zimt
4 EL Honig und etwas Bourbonvanille zum Verfeinern

1. Die Fliederbeeren waschen und abzupfen. Wasser und Milch mischen und die Beeren mit der Zitronenschale darin in etwa 1/2 Stunde weich kochen. Die Beeren durch ein Sieb streichen.
2. In der Zwischenzeit Äpfel und Birnen halbieren und entkernen, in kleine Stücke schneiden und in der Fliederbeersuppe kurz köcheln lassen.
3. Sahne, Zitronensaft, eine Prise Salz und Zimt dazugeben. Mit dem Pürierstab mixen. Mit dem Honig und Vanille verfeinern. Falls die Suppe zu dünn ist, einen Löffel Speisestärke mit kalter Milch verrühren und damit binden.
4. Diese Suppe kann warm oder kalt gegessen werden. Als Garnierung eignen sich zerkrümelte Butterkekse oder ein Eischneehäubchen.

So war's früher

Anders als heute, wo jederzeit und überall alles zu haben ist, wußte man früher zur entsprechenden Jahreszeit aus sämtlichen von der Natur angebotenen Produkten etwas Schmackhaftes zuzubereiten.

So ist's heute

In vielen Restaurants wird heutzutage nur noch das Allerfeinste angeboten. Vieles gilt als nicht mehr brauchbar oder zumutbar. Dabei wäre es interessanter, sich den Kopf darüber zu zerbrechen, was für Köstlichkeiten man aus den Produkten, die die Natur uns bietet, kreieren kann.

Tip von Ingrid Biedenkopf

Fliederbeersuppe kann mit Crème fraîche, Butter oder Sauermilch beliebig variiert werden. Wer keine Milch verwenden will, kann sie durch Apfel- oder Birnensaft ersetzen.

Sauerbraten auf sächsische Art (Foto)

SO WAR'S FRÜHER

Das Beizen von Fleisch war eine althergebrachte Konservierungsmethode. Heute finden sie die meisten Leute zu zeitaufwendig. Speck kam früher fast immer an den Braten.

SO IST'S HEUTE

Durch Zugabe von Gemüse und Kartoffeln ergibt sich eine kräftig schmeckende Sauce, die durch das Pürieren eine sämige Konsistenz erhält. Ist die Sauce zu dünn, kann man mit gekochten und pürierten Kartoffeln oder Gemüse nachhelfen.

TIP VON INGRID BIEDENKOPF

Statt des Schwarzbrotes Honigkuchen verwenden, der die Sauce fein abrundet, und mit etwas Honig und eventuell Himbeeressig „süß-sauer" abschmecken. Dann sollte allerdings kein Majoran verwendet werden.

FÜR 4 PERSONEN

600 g Rinderschmorbraten
1 Zwiebel
1/2 l Buttermilch
8 Wacholderbeeren
2 Lorbeerblätter
Meersalz, Pfeffer aus der Mühle
2 EL Öl
50 g Porree
je 100 g Möhren, Kartoffeln und Petersilienwurzeln oder Sellerie
1/2 l Gemüsebrühe
2 dicke Scheiben Schwarzbrot
1 EL Honig
1/4 l saure Sahne

1. Das Rindfleisch zurichten, waschen und trockentupfen. Zwiebel schälen und in Ringe schneiden. Das Fleisch mit der Buttermilch, den Zwiebelringen, Wacholderbeeren und Lorbeerblättern in eine irdene Schüssel legen. Es muß vollständig von der Marinade bedeckt sein. Schüssel zudecken und 2–3 Tage an einem kühlen Platz stehenlassen.
2. Danach das Fleisch aus der Marinade nehmen, kalt waschen und mit Küchenkrepp trockentupfen. Die Marinade durchsieben und aufbewahren. Fleisch mit Salz und Pfeffer einreiben und in Öl rundherum anbraten. Den Braten aus dem Topf nehmen. Geputzten und kleingeschnittenen Porree und das geschälte und kleingeschnittene Wurzelgemüse mit den Kartoffeln im Bratfett anrösten. Marinade langsam zugießen und kurz einkochen lassen.
3. Dann sämtliche Gemüse in einen Schmortopf geben, die Gemüsebrühe zugießen und das Fleisch darin gut 1 Stunde schmoren lassen. Kurz vor dem Weichwerden das kleingeschnittene Brot dazugeben.
4. Fleisch herausheben und warm halten. Die Sauce mit dem Gemüse und den Kartoffeln in den Mixer geben und mit Honig und saurer Sahne pürieren. Es soll eine sämige, nicht zu dicke Sauce entstehen, die, wenn nötig, mit etwas Gemüsebrühe verdünnt werden kann. Mit Salz und Pfeffer nachwürzen. Das Fleisch in Scheiben schneiden und die Sauce darübergießen.
Dazu passen Kartoffelknödel oder Serviettenknödel.

Gewiegtskließel

So war's früher

Hackfleisch wurde früher vorwiegend aus Schweinefleisch und mit vielen Brötchen gemacht. Man gab in die Hackfleischmasse hartgekochte Eier.

So ist's heute

Schweinefleisch wird durch magere Fleischarten ersetzt, etwa durch Geflügel, Rind und Lamm.

Tip von Ingrid Biedenkopf

Etwas gemahlener Kümmel, 1 Teelöffel Senf und 1 Knoblauchzehe (frisch gepreßt) geben den Frikadellen eine besonders pikante Note.

Gewiegtskliessel sind die sächsische Variante von Frikadellen, die anderswo Buletten, Fleischpflanzerl oder Bratklopse heissen. Dazu passt am besten Kartoffelbrei.

Für 4 Personen

2 Vollkornbrötchen
300 g Hackfleisch (halb Rind-, halb Kalbfleisch) oder 300 g Rinderhack und 2 gehäufte EL gewürfeltes geräuchertes Hühnerfleisch
3 Zwiebeln, geschält
3 EL Öl
Meersalz, Pfeffer aus der Mühle
1 Ei
1 EL frisch gehackte Küchenkräuter wie Petersilie, Majoran, Basilikum
40 g Butter

1. Brötchen in einer Schüssel mit heißem Wasser einweichen. Das Hackfleisch in eine zweite Schüssel geben. 1 Zwiebel fein würfeln und in 1 Eßlöffel Öl goldbraun rösten. Aus den ausgedrückten Brötchen mit Zwiebeln, Salz, Pfeffer, dem aufgeschlagenen Ei und der Hälfte der Küchenkräuter einen Fleischteig kneten und würzig abschmecken.
2. 4 große oder 8 kleine Frikadellen formen. Diese in einer Pfanne im restlichen Öl beidseitig nicht zu braun braten und anschließend im vorgeheizten Ofen bei 200 °C etwa 10 Minuten nachgaren.
3. In der Zwischenzeit die übrigen Zwiebeln in feine Ringe schneiden und in einer zweiten Pfanne in Butter goldgelb braten. Über die Frikadellen verteilen und mit den restlichen Küchenkräutern garnieren.

Zwiebelrostbraten

So war's früher

Rostbratenscheiben wurden früher in Schweineschmalz angebraten. Zudem fritierte man die dicken Zwiebelringe.

So ist's heute

Da der Rostbraten nur kurz gebraten wird, braucht man gut abgehangenes Fleisch.

Für 4 Personen

4 Scheiben Rostbraten à 120 g
Meersalz, Pfeffer aus der Mühle
1 EL Dinkelvollkornmehl
3 EL Öl
40 g Butter
300 g Zwiebeln, in feine Ringe geschnitten
1/4 l Gemüsebrühe
1 EL Sojasauce
2 EL Sahne
100 g dicke Zwiebelringe und gehackte Petersilie zum Garnieren

1. Die Rostbratenscheiben mit Salz und Pfeffer würzen, mit Mehl bestäuben und in einer großen Pfanne in 2 Eßlöffel Öl beidseitig so anbraten, daß sie innen zartrosa bleiben. Im vorgeheizten Ofen bei 100 °C warm halten.
2. In dieselbe Pfanne 1 Eßlöffel Öl und 20 g Butter geben und die Zwiebelringe darin goldbraun rösten. Mit Gemüsebrühe und Sojasauce aufgießen, verkochen lassen und passieren. Mit Salz, Pfeffer und Sahne kräftig abschmecken. Zwiebelringe für die Garnierung in einer großen Pfanne mit der restlichen Butter goldgelb braten.

3. Die Rostbratenscheiben auf Tellern anrichten (abgelaufenen Saft in die Sauce mischen), die passierte Zwiebelsauce darübergießen und das Gericht mit den goldgelb gerösteten Zwiebelringen und Petersilie garnieren.
Dazu passen Kartoffeln, die man auf einem gefetteten Backblech im Ofen knusprig braun brät, oder Kartoffelpüree.

So war's früher

Wenn frisch geschlachtet wurde, machte man aus dem gekochten Kopffleisch eine Sülze. Auf diese Art wurde alles vom Schwein verwendet und verwertet. Die Fleischbrühe gelierte von selbst.

So ist's heute

Dieses Rezept mit Geflügelfleisch ist eine „schlanke“ Variation des früher so gehaltvollen Gerichts.

Schüsselsülze

Für 4 Personen

500 g Hühnerbrüstchen, klein gewürfelt
Meersalz
2 Lorbeerblätter
8 Pfefferkörner
10 Blatt Gelatine
100 g Möhren, geschält und in Scheiben geschnitten
100 g Petersilienwurzeln, geschält und in Scheiben geschnitten
100 g Frühlingszwiebeln oder junger Porree, in Ringe geschnitten
2 EL Apfelessig
Pfeffer, 2 EL Kapern

1. Das Geflügelfleisch in 1 l kochendem Salzwasser mit Lorbeerblättern und Pfefferkörnern weich kochen, herausnehmen und die Brühe aufheben. Gewürze entfernen. Die Gelatineblätter 5 Minuten in etwas kaltem Wasser einweichen, ausdrücken und in der Fleischbrühe auflösen.
2. Das Gemüse und die Frühlingszwiebeln (etwas später zugeben) in der Brühe weich kochen. Vom Herd nehmen. Mit Essig, Salz und Pfeffer abschmecken. Das gekochte Geflügelfleisch mit den Kapern untermischen und das Ganze zum Festwerden in eine Sülzenform (Schüssel) geben. Im Kühlschrank etwa 2 Stunden gut durchkühlen lassen, auf ein Brett stürzen und in dicke Scheiben schneiden.

Tip von Ingrid Biedenkopf

Die Geflügelsülze mit Zwiebelringen und einem guten kaltgepreßten Öl, vermischt mit etwas Apfelessig, servieren. Mit feingehackter Petersilie oder Schnittlauch bestreuen. Dazu paßt kerniges Vollkornbrot. Eine leichte Remouladensauce mit vielen Kräutern und neue Pellkartoffeln schmecken auch sehr gut zur Schüsselsülze.

Leipziger Stadtsäckchen (Foto)

FÜR 4 PERSONEN

1–2 Kalbsfilets, insgesamt 400 g
Meersalz
1 Zweig Rosmarin
weißer Pfeffer aus der Mühle
4 EL Öl
600 g mehligkochende Kartoffeln
Fett für das Backblech
40 g Butter
50 g Zwiebeln, geschält
250 g frische Champignons, geputzt
250 g Tomaten
6 EL Weißwein
6 EL Sahne
1 EL Petersilie, fein gehackt

1. Kalbsfilets mit Salz, Rosmarin und Pfeffer würzen. In einer Kasserolle 2 Eßlöffel Öl erhitzen, das Fleisch darin rundherum anbraten. Dann in eine Klarsicht-Bratfolie geben, Rosmarinzweig darauflegen, Folie an den Enden zubinden, auf ein Gitter legen und im heißen Backofen je nach Größe der Filets ca. 25 Minuten braten, so daß sie in der Mitte schön rosa-saftig bleiben.

2. Die Kartoffeln schälen, in dickere Scheiben schneiden, auf einem gefetteten Backblech verteilen, salzen und im Ofen mitbraten. Von Zeit zu Zeit mit der Hälfte der Butter bestreichen.

3. Zwiebeln klein würfeln, Champignons halbieren. Tomaten häuten, entkernen und würfeln. Zuerst Zwiebeln, dann Champignons in derselben Kasserolle im Bratenfett und im restlichen Öl anbraten. Mit Weißwein ablöschen, kurz einkochen, dann die Sahne zugeben und wieder kurz verkochen lassen. Die Tomaten und die restliche kalte Butter einrühren und mit Salz und Pfeffer abschmecken. Warm halten.

4. Die Kalbsfilets aus der Folie nehmen. Rosmarinzweig entfernen. Den abgelaufenen Fleischsaft zur Tomaten-Champignon-Sauce gießen und diese auf vier Tellern oder einer Platte verteilen. Die Filets in 8 gleich große Scheiben schneiden, diese auf die Sauce setzen und die mitgebratenen Kartoffeln dazu anrichten. Mit frischer Petersilie garnieren.

SO WAR'S FRÜHER

Für dieses Gericht hat man früher Schweinemedaillons verwendet, die in Aluminium-Foliensäckchen mit Kochschinken und Wiener Würstchen gegart wurden.

SO IST'S HEUTE

Das Garen in Bratfolie hat den Vorteil, daß das Fleisch Farbe bekommt. In Alufolie dünstet es mehr, als es brät. Wird das Filet zuerst im Ganzen gebraten und dann erst geschnitten, bleibt es saftiger.

KÜCHEN-TIP

Grundsätzlich kann jedes Bratenstück in Folie gebraten werden. Wird der Bratensatz nicht für die Sauce gebraucht, so kann man auf das Anbraten in Öl verzichten. Wenn kleingeschnittenes Gemüse mitgegart wird, sollte die Sauce zum Schluß püriert werden.

Kalbsgulasch

So war's früher

Das Gulasch wurde zum Schluß immer mit Mehl gebunden.

So ist's heute

Um auf das Mehl als Bindung verzichten zu können, gibt man ein paar rohe Kartoffeln zur Sauce und läßt diese mitkochen; man kann sie anschließend pürieren.

Für 8 Personen

2 Zwiebeln, geschält
4 EL Öl
200 g mehligkochende Kartoffeln, geschält
1 EL Tomatenmark
1 kg Kalbsschulter, in Würfel geschnitten
80 g Paprikapulver edelsüß
1/2 l Gemüsebrühe
1/8 l Sahne
40 g Butter
Meersalz
Zitronensaft
Pfeffer aus der Mühle

1. Die Zwiebeln fein hacken und in Öl goldbraun braten. Die Kartoffeln in Würfel schneiden und mitrösten. Das Tomatenmark, die Kalbsschulterwürfel und das Paprikapulver dazugeben, alles durchrühren und mit der Gemüsebrühe auffüllen. Etwas einkochen lassen.
2. Wenn das Fleisch weich ist, die Fleischstücke herausnehmen und die Sauce mit dem Pürierstab pürieren. Sahne und Butter dazugeben und mit Salz, Zitronensaft und Pfeffer kräftig abschmecken.
Als Beilage empfiehlt sich Kartoffelpüree. Aber auch „Hausgemachte Nudeln" (Rezept S. 107) passen zum Kalbsgulasch.

Geschnetzeltes Kalbfleisch

So war's früher

Früher wurde eine gut eingekochte braune Grundsauce aus Fleisch und Knochen für das Geschnetzelte verwendet; sie war stark säureüberschüssig. Auch mit Mehlbutter wurden Saucen häufig eingedickt.

So ist's heute

Zum Binden der Sauce nimmt man entweder eine dicke Kartoffelsauce, evtl. mit etwas Gemüse, oder püriert eine gekochte Kartoffel mit etwas Gemüsebrühe und Sahne.

Für 4 Personen

400 g Kalbsrücken (ausgelöst) oder Kalbsfilet
2 EL Öl
20 g Butter
2 Zwiebeln, geschält
200 g Champignons oder andere Pilze, geputzt, gewaschen
je 1/8 l Weißwein und Sahne
1/4 l dicke Kartoffel-Gemüse-Sauce
1 EL Sojasauce
Meersalz, Pfeffer aus der Mühle

1. Den in dünne Scheiben geschnittenen Kalbsrücken oder das Filet in einer großen Pfanne in heißem Öl beidseitig kurz anbraten (das Fleisch muß rosa bleiben) und bei 100 °C im Backofen warm stellen.
2. In dieselbe Pfanne die Butter geben und die feingeschnittenen Zwiebeln darin glasig werden lassen. Die blättrig geschnittenen Pilze dazugeben, kurz anbraten und mit Weißwein ablöschen. Die Flüssigkeit zur Hälfte einkochen lassen, Sahne zugeben, erneut etwas einkochen und mit Kartoffel-Gemüse-Sauce binden. Mit Sojasauce, Salz und Pfeffer würzig abschmecken. Vom Herd nehmen und das warmgestellte Fleisch untermischen, nicht mehr kochen lassen.
Dazu passen am besten knusprige Rösti und Blattsalat.

Rinderzunge mit Kapernsauce

FÜR 4 PERSONEN

1 gepökelte Rinderzunge, ca. 1000 g
1 1/2 l Wasser
2 Lorbeerblätter
6 Pfefferkörner
1 Bund Suppengrün

Für die Sauce:
20 g Butter
2 Zwiebeln, fein gehackt
200 g mehligkochende Kartoffeln
1/2 l Fleischbrühe
1/8 l Sahne
100 g gehackte Kapern
1 TL Honig
1 TL frisch geriebener Meerrettich
1 EL Petersilie, fein gehackt

1. Zunge sorgfältig waschen. Wasser mit Lorbeerblättern und Pfefferkörnern zum Kochen bringen, Suppengrün und die Zunge hineingeben. Sobald die Zunge gar ist, 1/2 l von der Flüssigkeit für die Sauce abgießen.
2. Für die Sauce Butter erhitzen, Zwiebeln darin anschwitzen, geschälte, kleingeschnittene Kartoffeln zugeben, gleichfalls kurz anbraten, mit der Fleischbrühe aufgießen und die Kartoffeln weich kochen. Mit dem Pürierstab mixen, Sahne, gehackte Kapern, Honig, Meerrettich und Petersilie zugeben und die Sauce abschmecken.
3. Die Rinderzunge abziehen, in dicke Scheiben schneiden und mit der Kapernsauce anrichten.
Dazu passen Dampfkartoffeln und eine große Portion Blattsalat.
Eine Alternative zur Kapernsauce ist die unten beschriebene Rosinensauce.

SO WAR'S FRÜHER

Gepökelte Zunge war immer schon eine preiswerte Delikatesse und wurde mit verschiedensten Saucen zu Tisch gebracht.

SO IST'S HEUTE

Aufgrund der immer schlechter werdenden Qualität von Fleischprodukten wird für eine zeitgemäße Ernährung weniger Geräuchertes und Gepökeltes empfohlen. Von Zeit zu Zeit sollte man sich den Genuß jedoch gönnen.

Rosinensauce

FÜR 4 PERSONEN

20 g Butter
1 große, mehligkochende Kartoffel
1 kleine Zwiebel, fein gehackt
1/2 l Gemüsebrühe
2 EL Sahne
1 Msp. englisches Senfpulver
weißer Pfeffer aus der Mühle
50 g Rosinen
50 g Mandeln, geröstet und grob gehackt

1. Die Butter in einem Topf erhitzen, die geschälte und kleingeschnittene Kartoffel mit der feingeschnittenen Zwiebel darin anbraten, mit der Gemüsebrühe aufgießen und alles weich kochen.
2. Sahne und Gewürze dazugeben. Mit dem Pürierstab die Sauce fein pürieren und die ganzen Rosinen sowie die gerösteten Mandeln untermischen.

KÜCHEN-TIP

Die Rosinensauce, die besonders gut zur Rinderzunge paßt, kann auch mit Äpfeln statt mit Kartoffeln zubereitet werden. Oder man verwendet zur Hälfte Kartoffeln und zur Hälfte Äpfel.

Kaninchen-Roulade (Foto)

So war's früher

Kaninchen war schon immer ein beliebtes Fleischgericht. Allerdings waren die Beilagen in Form von Knödeln, Speckkraut und Nudeln zu deftig.

So ist's heute

Bei den Beilagen ist darauf zu achten, daß der Säure-Basen-Haushalt stimmt. Gemüse, Kartoffelpüree oder Salzkartoffeln sind günstiger als Knödel oder Nudeln.

Küchen-Tip

Man kann die Roulade auch binden und ohne Bratfolie zusammen mit Gemüse und Kartoffeln auf dem Backblech braten. Wenn man den Rücken von Zeit zu Zeit mit Gemüsebrühe begießt, erhält man eine feine Sauce. Man püriert einen Teil des Gemüses mit Kartoffeln und Thymian, um die Sauce zu binden, und verfeinert sie mit etwas Sahne.

Für 4 Personen

1 Kaninchenrücken
200 g Keulenfleisch vom Kaninchen
200 ml Sahne
Meersalz, Pfeffer aus der Mühle
100 g Möhren, in kleinen Würfeln
50 g Brokkoli, in kleinen Stücken
1 TL frischer Thymian, fein gehackt

1. Die Filets so von den Knochen lösen, daß die Bauchlappen an den Filets bleiben. Das Keulenfleisch klein würfeln und ca. 15 Minuten tiefgefrieren. Mit der Sahne und etwas Salz und Pfeffer im Mixer pürieren. Die Farce mit den kleingeschnittenen Gemüsewürfeln vermischen und mit Thymian kräftig abschmecken.
2. Die Rückenfilets mit den Bauchlappen salzen und pfeffern. Die Farce auf die Bauchlappen streichen, das Fleisch wie Rouladen zusammenrollen und in eine Bratfolie wickeln. An den Enden zusammenbinden.
3. Die Roulade auf den Gitterrost im vorgeheizten Ofen (220 °C) legen und in ca. 20–25 Minuten garen. Das Fleisch muß saftig sein. Dann die Folie entfernen und die Roulade in Scheiben schneiden.
Zur Kaninchenroulade paßt die Basensauce für Fleischgerichte ausgezeichnet.

Basensauce für Fleischgerichte

100 g mehligkochende Kartoffeln, geschält
10 g Butter
10 g Zwiebeln, fein gehackt
150 ml Gemüsebrühe
1 EL saure Sahne
Meersalz, Muskat
1 TL frische, gehackte Kräuter (je nach Rezept)

1. Kartoffeln würfelig schneiden. Butter in einer kleinen Kasserolle erhitzen, die Zwiebeln darin glasig braten. Kartoffelwürfel zugeben und kurz mitbraten. Gemüsebrühe angießen. 10 Minuten zugedeckt köcheln lassen.
2. Die Kartoffeln zusammen mit saurer Sahne, Salz und Muskat im Mixer pürieren. Die gehackten Kräuter zum Schluß unterheben oder einen Teil davon mitpürieren.

Kaninchenbraten

SO WAR'S FRÜHER

Früher war Schweinespeck eine wichtige Zutat zum Kaninchenbraten, weil man befürchtete, das Fleisch werde sonst zu trocken. Das kann man aber verhindern, wenn das Fleisch nicht zu lange im Backofen bleibt. Es soll innen noch zartrosa sein.

SO IST'S HEUTE

Heutzutage ist Kaninchenbraten wieder ein beliebtes Gericht, weil das Fleisch besonders mager und zart ist und auch in der Diätküche große Bedeutung hat.

KÜCHEN-TIP

Auch Serviettenknödel und Pilze passen gut zu Kaninchenbraten. Orangenfilets und Preiselbeeren sind als Garnierung ideal.

FÜR 4 PERSONEN

1 ganzes Kaninchen (oder 4 Kaninchenkeulen)
Meersalz
Pfeffer aus der Mühle
1 TL Thymian (getrocknet)
2 EL Öl
je 50 g Zwiebeln, Sellerie, Möhren, Kartoffeln, Petersilienwurzeln, geputzt, geschält und kleingeschnitten
2 Lorbeerblätter
6 Pfefferkörner
1 TL pflanzliche Streuwürze
1/2 l Wasser
1/8 l Sahne
1 Bund frischer Thymian
4 TL Preiselbeerkompott

1. Das Kaninchen so zerteilen, daß die Keulen abgetrennt werden und der Rücken ganz bleibt. Mit Salz, Pfeffer und Thymian würzen. Öl in einer Kasserolle heiß werden lassen und zuerst die Zwiebeln, dann das andere Gemüse darin anbraten. Lorbeerblätter, Pfefferkörner, Salz und Streuwürze darüberstreuen. Mit 1/8 l Wasser aufgießen.
2. Die Kaninchenstücke darauflegen, von Zeit zu Zeit etwas Wasser angießen und alles im vorgeheizten Backofen (200 °C) in ca. 40 Minuten garen. Den Rücken schon etwas früher herausnehmen und warm halten. Das Fleisch soll hellbraun gebraten sein. Von Zeit zu Zeit umdrehen.
3. Die Kaninchenstücke und Lorbeerblätter herausnehmen und warm halten. Das Gemüse samt der Brühe und der Sahne mit dem Pürierstab pürieren und mit frischen Thymianblättchen würzig abschmecken. Sollte die Sauce zu flüssig sein, eine Scheibe Graubrot mitpürieren.
4. Kaninchen mit der Gemüse-Sahne-Sauce anrichten und mit Thymian und Preiselbeerkompott garnieren.
Dazu passen Rosenkohl oder Apfelrotkraut und Reis oder Bratkartoffeln.

Rehbraten auf sächsische Art

Für 4 Personen

600 g Rehkeule
Meersalz, Pfeffer aus der Mühle
2 Bund Majoran
2 EL Öl
20 g Butter
je 50 g Zwiebeln, Petersilienwurzeln, Möhren, Kartoffeln und Sellerieknollen, geschält und klein geschnitten
2 Lorbeerblätter
8 Wacholderbeeren
1 l Gemüsebrühe
1/8 l Sahne
100 g kleine Pfifferlinge, in Gemüsebrühe eingelegt
1 Orange
3 EL Preiselbeerkompott

1. Rehfleisch häuten, abspülen und mit Haushaltspapier trockentupfen. Fleisch mit Salz, Pfeffer und der Hälfte der Majoranblättchen würzen und in einem Schmortopf in heißem Öl rundherum leicht bräunen. Dann das Fleisch herausnehmen, die Butter zugeben und das kleingeschnittene Gemüse einschließlich der Kartoffeln und Zwiebeln darin kurz anbraten. Lorbeerblätter und Wacholderbeeren zugeben.
2. Mit Gemüsebrühe auffüllen, Fleisch hineingeben und den Rehbraten mit dem Gemüse ca. 1 Stunde dünsten. Fleisch wieder herausheben und warm halten. Lorbeerblätter und Wacholderbeeren entfernen.
3. Das Gemüse mit der Flüssigkeit, mit einigen Majoranblättchen, Sahne, Salz und Pfeffer fein pürieren. Zum Schluß die kleinen Pfifferlinge dazugeben. Die Orange schälen und filetieren.
4. Rehkeule in 4 Scheiben schneiden, anrichten, mit Sauce übergießen und darauf das Preiselbeerkompott anrichten. Mit Orangenfilets und den restlichen Majoranblättchen garnieren.
Der Geschmack des Rehbratens wird besonders interessant, wenn ein kleiner Fichtenzweig in der Sauce mitgekocht wird. Die Sauce kann auch mit einem Schuß Cognac verfeinert werden..

So war's früher

Wild wurde früher meist gebeizt. Dabei wird das Fleisch jedoch geschmacklich verfremdet. Auch auf das Spicken von Wild mit fettem Speck sollte man verzichten.

So ist's heute

Man versucht immer mehr, von unsinnigen althergebrachten Küchentechniken wegzukommen. Bei diesem Rezept wird die Sauce durch das Pürieren von Gemüse und Kartoffeln auch ohne Mehl schön sämig.

Tip von Ingrid Biedenkopf

Breite Nudeln, eventuell aus Dinkelmehl und ohne Ei, sowie feines Apfelkompott schmecken gut zu diesem festlichen Braten.

Ente mit geschmorten Birnen (Foto)

Für 4 Personen

300 g Birnen
200 g Äpfel
2 Entenbrüstchen à 250 g
Meersalz
1 Bund Majoran
Pfeffer aus der Mühle
1 EL Honig
2 EL saure Sahne
1 Msp. Zimt
40 g Rosinen, gewaschen und eingeweicht
1 Orange

1. Die Birnen und die Äpfel schälen und in Spalten schneiden. Kerngehäuse entfernen. (Die Obstschalen trocknen und für einen Tee verwenden.)
2. Die Entenbrüstchen mit Salz, der Hälfte der Majoranblättchen und Pfeffer würzen und in einem Schmortopf mit der Haut nach unten bei schwacher Hitze langsam anbraten. Die Apfel- und Birnenstücke zugeben und etwa 10–15 Minuten mitbraten. Die Brüstchen müssen rosa gebraten sein, sonst werden sie zäh. Beim Warmhalten sollten die Brüstchen in Alufolie gewickelt werden, damit sich der Muskel entspannen kann.
3. Die Obststücke herausnehmen und mit dem ausgetretenen Fleischsaft, Honig und saurer Sahne pürieren. Mit wenig Salz, Zimt und Rosinen würzig abschmecken. Das Obstmus anrichten, die Brüstchen in ca. 1/2 cm dicke Scheiben schneiden und darauf anrichten. Die Orange schälen und filetieren. Restliche Majoranblättchen daraufgeben.
Dazu paßt ein Kartoffelpüree.

So war's früher

Das Enten- und Gänsefett diente als Brotaufstrich oder wurde zum Braten weiterer Speisen verwendet.

So ist's heute

Heutzutage wird das schwer verdauliche Enten- und Gänsefett in der Küche kaum mehr verwendet. Die artgerechte Tierhaltung von Geflügel ist für die Qualität des Fleisches entscheidend.

Tip von Ingrid Biedenkopf

Vollkornnudeln, in diesem Fall in wenig Butter geschwenkt, oder kleine Röstis passen gut zur Ente.

Orangensauce

Für 4 Personen

4 cl Ahornsirup
20 g Butter
Filets von 3 Orangen
Saft von 3 Orangen
2 cl Grand Marnier, 1 cl Weinbrand

Den Ahornsirup in der zerlassenen Butter leicht karamelisieren lassen und die Orangenfilets sowie den ausgepreßten Saft darin kurz erhitzen. Den abgelaufenen Geflügelsaft zugeben und aufkochen. Mit Grand Marnier und Weinbrand abschmecken und über dem Gänsebraten anrichten.

Küchen-Tip

Man kann die Orangensauce auch zu einem Drittel mit Basensauce für Fleischgerichte (Rezept S. 62) mischen.

Thüringer Gänsebraten

SO WAR'S FRÜHER

Früher hat man Gänse immer im Ganzen gebraten; die Sauce war fett und schwer und wurde mit Mehl eingedickt.

SO IST'S HEUTE

Der Gänsebraten ist bekömmlicher, wenn die Sauce durch püriertes Wurzelgemüse und Kartoffeln sämig gemacht wird.

KÜCHEN-TIP

Zu Gänse- oder Entenbraten passen auch eine Orangensauce (Rezept S. 67) und Orangenfilets als Garnierung. Frischkräuter wie Majoran und Thymian sorgen für unterschiedliche Geschmacksnuancen.

KLASSISCHE BEILAGEN SIND KARTOFFELKLÖSSE UND ROTKOHL. EINE ENTE KANN AUF DIESELBE ART ZUBEREITET WERDEN.

FÜR 4 PERSONEN

1 Gans, ca. 1 1/2 kg
(oder 2 ausgebeinte Gänsebrüste)
3 EL Olivenöl
100 g Zwiebeln, fein gehackt
200 g Wurzelgemüse (Möhren, Sellerie, Petersilienwurzeln)
150 g mehligkochende Kartoffeln, geschält
1 1/2 l Wasser
1 Bund frischer Beifuß
Meersalz
1/8 l Sahne
Pfeffer aus der Mühle
200 g Äpfel
Preiselbeeren als Garnitur

1. Die Gans ausbeinen, das heißt, Brust und Schenkelfleisch von den Knochen lösen. Die Karkasse grob hacken, in 1 Eßlöffel Olivenöl anbraten, die Zwiebeln, das geputzte, kleingeschnittene Wurzelgemüse und die Kartoffeln dazugeben, ebenfalls mitbraten, mit Wasser aufgießen und 1/2 Stunde kochen lassen. Dann die Karkasse herausnehmen und das Gemüse mit den Kartoffeln und der Flüssigkeit pürieren. Etwas Beifuß, Salz, Sahne und Pfeffer zugeben und nochmals durchmixen.

2. In der Zwischenzeit die 2 Brüste und Schenkel mit etwas Beifuß, Salz und Pfeffer gut würzen, in einer Kasserolle anbraten und im vorgeheizten Backofen ca. 15 Minuten rosa braten. Die Schenkel brauchen etwas länger.

3. Die Äpfel mit dem Apfelausstecher entkernen, in ca. 1/2 cm dicke Scheiben schneiden und 5 Minuten zusammen mit dem Gänsefleisch braten.

4. Die Gänsebratensauce anrichten, Gänsefleisch in schräge Scheiben schneiden, darauflegen, mit den Preiselbeeren, den Apfelscheiben und dem restlichen Beifußkraut garnieren. Die übrige Sauce extra reichen.

Dazu passen Serviettenknödel.

Sächsisches Hühnerfleisch oder Kalbsfrikassee

FÜR 4 PERSONEN

400 g Hühnerfleisch ohne Haut oder Kalbsschulter
3/4 l Wasser, Salz
250 g mehligkochende Kartoffeln, geschält
1/8 l Sahne, Pfeffer aus der Mühle
Muskat, 2 Zwiebeln, geschält
250 g Champignons, geputzt
je 1 rote, grüne und gelbe Paprikaschote
50 g Porree, geputzt und gewaschen
2 EL Öl
1 Bund Oregano oder Majoran

1. Das Fleisch in kleine Würfel schneiden und im Wasser mit etwas Salz weich kochen. Auf ein Sieb gießen, die Brühe auffangen. 1/2 l von der Fleischbrühe erhitzen und darin die kleingeschnittenen Kartoffeln weich kochen. Mit Sahne, Pfeffer und Muskat pürieren.
2. Die Zwiebeln in kleine Würfel schneiden. Champignons halbieren. Die Paprikaschoten halbieren, Stielansätze, Kerne und Scheidewände entfernen, die Schoten in größere Würfel schneiden. Porree in feine Ringe schneiden. Zwiebeln, Pilze, Paprika und Porree der Reihe nach in heißem Öl anbraten und so lange dünsten, bis die Paprikascheiben weich sind.
3. Die pürierte Sauce und das warmgestellte Fleisch dazugeben, mit Salz, Pfeffer, Muskat und Kräuterblättchen abschmecken.

TIP VON INGRID BIEDENKOPF

Mit einem guten Schuß Weißwein und zwei Eigelben, die in der Sahne verschlagen und der Sauce beigegeben werden, bekommt sie einen besonders feinen Geschmack. Oregano und Majoran sollte man dann weglassen.

Paprikahuhn

FÜR 4 PERSONEN

400 g Hühnerfleisch (Brust und Schenkel)
Salz, Pfeffer aus der Mühle
1 EL Öl, 40 g Butter
3 mittelgroße Zwiebeln, geschält
2 mehligkochende Kartoffeln, geschält
1 EL Tomatenmark
2 EL Paprikapulver, 1/8 l Sahne
1/2 l Hühnerbrühe
1 Bund Basilikum, 2 EL saure Sahne

1. Hühnerfleisch salzen und pfeffern. Öl in einem Topf erhitzen, das Fleisch darin rundherum anbraten und wieder herausnehmen. Die Butter zum Bratfett geben und die feingehackten Zwiebeln sowie die in Würfel geschnittenen Kartoffeln darin unter Rühren anbraten. Tomatenmark und Paprikapulver sowie die Sahne zugeben, mit Salz und Pfeffer würzen. Hühnerbrühe angießen.
2. Hühnerfleisch zugeben und 25 Minuten dünsten; es soll nicht zu weich werden.
3. Das Fleisch herausnehmen und heiß halten, die Sauce pürieren. Zwei Drittel der Basilikumblätter fein hacken und untermischen. Fleisch und Sauce mit saurer Sahne und den restlichen Basilikumblättern garnieren.

SO WAR'S FRÜHER

Früher verwendete man Schweineschmalz zum Anbraten, und die Sauce wurde mit Mehl gebunden.

SO IST'S HEUTE

Durch die mitgekochten Kartoffeln bekommt die Sauce eine sämige Bindung und ist bekömmlicher.

Soljanka (Foto)

So war's früher

Eine Soljanka wurde früher immer mit Fett und Mehl gebunden. Man verwendete ganze Fische und bereitete aus Kopf und Gräten einen Fischsud.

So ist's heute

Mit dem pürierten Gemüse statt einer Mehlschwitze wird das Gericht bekömmlicher. Gemüsebrühe enthält reichlich Basen und ist günstiger als säureüberschüssiger Fischsud.

Küchen-Tip

Es ist empfehlenswert, den Fisch grätenfrei zu filetieren und immer erst ganz zum Schluß dazuzugeben. Krabbenfleisch oder Muschelfleisch kann auch tiefgefroren verwendet werden.

Das Ursprungsland der Soljanka ist Russland. Es gibt von dieser Suppe viele Varianten. Die einen kennen sie als leichte Fischsuppe, die anderen als pikant überbackenen Eintopf.

Für 4 Personen

20 g getrocknete Steinpilze
100 g Zwiebeln, fein gehackt
600 g gemischtes Gemüse wie Sellerie, Möhren, Petersilienwurzeln, Kartoffeln zu gleichen Teilen, geputzt und würfelig geschnitten
20 g Butter
1 1/2 l Gemüsebrühe
Meersalz
1 EL schwarze Oliven, entkernt
1 Gewürzgurke, kleingeschnitten
1 EL Dill oder Oregano
1 TL Zitronensaft
1/2 EL Kapern
1/4 l saure Sahne
100 g Krabbenfleisch oder Muschelfleisch
300 g Tomaten, gehäutet und entkernt
300 g Zanderfilet
Pfeffer aus der Mühle
1 EL Olivenöl

1. Steinpilze waschen und in kaltes Wasser legen. Gehackte Zwiebeln und Gemüse in heißer Butter anbraten, mit Gemüsebrühe auffüllen, salzen und das Gemüse weich werden lassen.
2. Ein Drittel der Menge herausschöpfen, mit dem Stabmixer pürieren und wieder zurück in den Topf geben. Das Gemüse mit Meersalz, kleingeschnittenen Oliven, Gewürzgurke, der Hälfte der Kräuter, Zitronensaft und den gehackten Kapern verfeinern und abschmecken. Zuletzt die verrührte saure Sahne, das Krabbenfleisch und die Tomatenwürfel dazugeben. Nicht mehr kochen lassen! Die Steinpilze mit dem Einweichwasser hineingießen.
3. Das Zanderfilet mit Salz und Pfeffer würzen und in heißem Olivenöl beidseitig goldgelb braten.
4. Das Gemüse auf Teller oder in einer Schüssel verteilen und das Zanderfilet obenauf anrichten. Mit den restlichen frischen Kräutern garnieren.

Marinierte Heringe

So war's früher

Heringe waren besonders preiswerte Meeresfische, die oft mit Salzkartoffeln serviert wurden.

So ist's heute

Zwar sind sie längst nicht mehr billig, doch wegen des hohen Mineralstoffgehalts nehmen Fische in unserer Ernährung einen wichtigen Platz ein.

Tip von Ingrid Biedenkopf

2–3 ungeschälte und feinblättrig geschnittene rote Äpfel unter die Sauce mischen. In diesem Fall die Kapern weglassen und mit etwas Honig abschmecken.

Für 4 Personen

8 küchenfertige Salzheringe à 150 g
250 g Zwiebeln
1 Gewürzgurke
1 Sträußchen Dill
1 EL Kapern

Für die Marinade:
je 1/8 l Weinessig und Wasser
2 Lorbeerblätter
10 Pfefferkörner
4 Nelken
1 EL Honig
Dill zum Garnieren

1. Rogen und Milch (falls vorhanden) mitverwenden. Zusammen mit den Heringen unter kaltem Wasser abspülen. Abtropfen lassen. Über Nacht in kaltes Wasser legen, damit der Salzgeschmack gemildert wird. Am nächsten Tag abtropfen lassen. Heringe häuten und entgräten, dabei die Schwänze und Flossen entfernen. Heringsfilets unter fließendem Wasser abspülen und mit Haushaltspapier trockentupfen.
2. Zwiebeln schälen und in dünne Scheiben schneiden. Gewürzgurke ebenfalls in Scheiben schneiden. Dill abbrausen, trockentupfen. Heringsfilets, Zwiebeln, Gewürzgurke, Dill und Kapern lagenweise in einen Steinguttopf schichten. Heringsrogen abspülen und dazulegen.
3. Für die Marinade Essig, Wasser, Lorbeerblätter, Pfefferkörner und Nelken aufkochen, erkalten lassen und Honig zugeben. Heringsmilch hacken, durch ein Sieb streichen und in die kalte Marinade rühren.
4. Eingeschichtete Heringsfilets mit dem Sud übergießen. Das Gefäß mit einem Deckel oder Alufolie verschließen und kühl stellen. Mindestens 24 Stunden durchziehen lassen. Heringsfilets abtropfen lassen, auf eine Platte legen und mit etwas Einlage und Dill garnieren.

Thüringer Heringskartoffeln

So war's früher

Aufläufe wurden früher immer mit Eiern und einer Sauce Béchamel zubereitet.

So ist's heute

Fett und Eier werden eingespart. Statt der Sauce Béchamel kann man saure Sahne nehmen.

Für 4 Personen

4 Salzheringe à 150 g
400 g mehligkochende Kartoffeln
1 Bund frisches Basilikum oder Majoran, fein geschnitten
3 EL saure Sahne
Meersalz
Muskat
Pfeffer aus der Mühle
100 g geriebener Käse
100 g feine Zwiebelringe
20 g Butter
Butter für die Form

1. Heringe ausnehmen und entgräten. Kopf, Schwanz und Flossen abschneiden. In eine Schüssel legen und unter fließendem kaltem Wasser längere Zeit wässern. Dann in kleine Stücke schneiden.
2. Die Kartoffeln waschen und im Siebeinsatz weich dämpfen. Kurz abkühlen lassen, pellen und in ca. 1/2 cm dicke Scheiben schneiden. Mit den Heringen, etwas vom feingeschnittenen Basilikum, 2 Eßlöffeln saurer Sahne, Salz, Muskat, Pfeffer und Käse mischen. Zwiebeln in heißer Butter anbraten und dazugeben. Das Ganze würzig abschmecken und in eine ausgebutterte, feuerfeste Auflaufform aus Jenaer Glas geben.
3. Im vorgeheizten Backofen bei 200 °C ca. 20 Minuten überbacken und in 4 Portionen aufteilen. Mit restlicher saurer Sahne, restlichem Basilikum und eventuell etwas Tomatenconcassée garnieren.

Tip von
Ingrid Biedenkopf

Die köstliche Basensauce für Fischgerichte (Rezept S. 80), abgerundet mit Curry und Honig und mit 2 Eßlöffeln Sahne abgezogen, schmeckt zum Auflauf ganz vorzüglich.

Bratheringe in Essigmarinade

Für 4 Personen

8 grüne Heringe
Saft von 1 Zitrone
Meersalz, Pfeffer aus der Mühle
1 EL Dinkelvollkornmehl
2 EL Olivenöl

Für die Marinade:
3/8 l Wasser
1/4 l guter Apfelessig
1/8 l Weißwein
2 Zwiebeln (je 1 weiße und 1 rote)
2 Äpfel
2 Lorbeerblätter
2 TL Senfkörner
Salz
1 EL Honig

1. Heringe schuppen und ausnehmen. Köpfe und Flossen abschneiden, die Fische waschen und mit Zitronensaft beträufeln. Salzen, pfeffern und in Mehl wenden. Öl in einer großen Pfanne erhitzen, die Heringe darin beidseitig etwa 5–7 Minuten braten und ein wenig abkühlen lassen.
2. Für die Marinade Wasser, Essig und Weißwein mischen. Zwiebeln und Äpfel schälen, Äpfel mit dem Apfelausstecher entkernen, beides in Ringe schneiden und mit Lorbeerblättern, Senfkörnern und Salz im Essig-Wein-Wasser kurz aufkochen. Marinade abkühlen lassen und mit Honig süßen.
3. Die noch warmen Heringe in eine Schüssel legen und die Marinade darübergießen. Die Fische müssen ganz bedeckt sein. Nach 24 Stunden können die Bratheringe gegessen werden.
Dazu gibt es gedämpfte Kartoffeln oder Kartoffelbrei.

Tip von
Ingrid Biedenkopf

Beim Anrichten von eingelegten Heringen sehen zarte Blattsalate, gekochte Möhren und Brokkoli, aber auch Mangoscheiben mit Tomaten und Frühlingszwiebeln besonders ansprechend aus. Gebürstete, frische junge Kartoffeln schmecken zum Brathering am besten, solange sie zu haben sind.

Sächsische Schusterpastete (Foto)

Was für diese Pastete in die Schüssel kam, bestimmte der Geldbeutel. Bei armen Leuten war das Gericht häufig nur eine Heringspastete. Auf den reichen Gütern bevorzugte man Wild- oder Geflügelfleisch.

Für 4 Personen

200 g Salzheringe
200 g Pellkartoffeln, gekocht und abgepellt
200 g mildes Sauerkraut
50 g Frühlingszwiebeln oder Porree
20 g Butter
50 g geriebener Emmentaler
1/4 l saure Sahne
Meersalz, Pfeffer aus der Mühle
Butter für die Form

1. Heringe wässern, häuten, entgräten und kleinschneiden. In eine Schüssel geben. Kartoffeln würfeln, Sauerkraut grob schneiden, beides zu den Heringen geben. Zwiebeln oder Porree in Ringe schneiden und in heißer Butter anbraten. Mit dem Käse und saurer Sahne (bis auf 1 Eßlöffel) vermischen. Mit Salz und Pfeffer würzig abschmecken. Die Masse mit den anderen Zutaten verrühren.
2. Die Schusterpastete in eine ausgebutterte Auflaufform geben und im Backofen bei ca. 180 °C etwa 20 Minuten überbacken. Mit einem Klecks saurer Sahne garnieren.

Häckerle

Ein Lieblingsrezept der Sachsen, das aber aus Schlesien stammt. Man serviert das Gericht zusammen mit Pellkartoffeln. Häckerle kommt natürlich von hacken.

Für 4 Personen

4 Salzheringe
2 hartgekochte Eier
2 säuerliche Äpfel
2 kleine Zwiebeln, geschält
4 EL saure Sahne
1 TL Senf
1 TL Honig
1 EL gemischte Küchenkräuter, fein gehackt
Pfeffer aus der Mühle

1. Salzheringe über Nacht wässern. Am nächsten Tag ausnehmen, häuten und filetieren. Heringsfleisch und geschälte Eier fein würfeln. Äpfel schälen, entkernen und ebenfalls in kleine Würfel schneiden. Zwiebeln fein hacken und alles zusammen in eine Schüssel geben. (Man kann auch alle Zutaten durch den Fleischwolf drehen – als Brotaufstrich.)
2. Mit saurer Sahne, Senf, Honig, Küchenkräutern und Pfeffer würzig abschmecken. Dazu serviert man Pellkartoffeln mit Butter oder Graubrot.

So war's früher

Die Pastete wurde mit Eiermilch und Speck angereichert; meist kamen auch noch Bratenreste dazu.

So ist's heute

Die Gerichte dürfen heute nicht mehr so deftig wie früher sein. Durch Weglassen der Zwiebeln wird die Pastete bekömmlicher.

Küchen-Tip

Statt Sauerkraut kann auch frischer Kohl für dieses Rezept verwendet werden.

Küchen-Tip

Häckerle kann man mit Tomaten- oder Paprikawürfeln anreichern oder auch mit Mangold, Spinat und Rucola individuell variieren.

Thüringer Karpfen

SO WAR'S FRÜHER

Bis heute ist der Karpfen als weihnachtliches Festessen beliebt. Je klarer das Wasser, aus dem er kommt, desto besser der Geschmack.

SO IST'S HEUTE

Heutzutage wird der Karpfen bereits fachgerecht zerlegt angeboten. Der Fettgehalt vom Karpfen ist weniger hoch, als man glaubt. Trotzdem sollte beim Bratfett gespart werden.

KÜCHEN-TIP

Karpfenstücke können in der Folie oder im Backofen gegart und mit vielerlei Garnituren auf den Tisch gebracht werden, z.B. mit Tomaten und Basilikum oder mit Zwiebeln und Kapern.

JEDE LANDSCHAFT HAT FÜR DIE KARPFENBEREITUNG SPEZIELLE REZEPTE. IN SCHLESIEN BEVORZUGT MAN KARPFEN POLNISCHE ART, IN SACHSEN GIBT MAN GERN DUNKLES BIER DAZU. IN THÜRINGEN WIRD DAS FISCHBLUT FÜR DIE SAUCE MITVERWENDET.

FÜR 4 PERSONEN

1 Karpfen
Zitronensaft
Meersalz
je 50 g Zwiebeln, Porree, Sellerie, Kartoffeln und Möhren
20 g Butter
1/8 l Rotwein
Pfeffer aus der Mühle
1/4 l Gemüsebrühe
1 Bund frisches Basilikum
1/8 l Sahne
100 g Tomatenwürfel

1. Karpfenblut beim Schlachten des Fisches in einem Gefäß auffangen und mit Zitronensaft verrühren. Den Karpfen sorgfältig schuppen, ausnehmen, waschen, mit Salz einreiben, mit Zitronensaft beträufeln und in Portionsstücke teilen.
2. Zwiebeln, Porree, Sellerie, Kartoffeln und Möhren putzen, in feine Ringe bzw. Stifte (juliennes) schneiden, in Butter anrösten. Karpfenblut, Wein, Pfeffer, Gemüsebrühe und Salz dazugeben. Die Karpfenstücke darauflegen und im Backofen bei ca. 200 °C in etwa 25 Minuten garen.
3. Fisch herausnehmen und im Backofen bei 50 °C warm stellen.
4. Den Fischsud mit dem Gemüse, einigen abgezupften Basilikumblättern und der Sahne im Mixer pürieren und die cremige Sauce würzig abschmecken.
5. Die Sauce anrichten, Fisch darauflegen und mit Basilikumblättern und Tomatenwürfeln garnieren.
Zum Karpfen auf thüringische Art paßt Blattspinat oder Mangold mit gedämpften Kartoffeln besonders gut.

Karpfen in Bier gegart

ALS WEIHNACHTS- UND SILVESTERKARPFEN WIRD IN VIELEN REGIONEN TRADITIONELL SPIEGELKARPFEN VERWENDET. ER HAT NUR WENIGE, UNREGELMÄSSIG VERTEILTE GROSSE SCHUPPEN. AUSSERDEM WERDEN AUCH SILVESTERKARPFEN MIT GLEICHMÄSSIGER BESCHUPPUNG UND SCHUPPENLOSE LEDERKARPFEN ANGEBOTEN.

FÜR 4 PERSONEN

1 Karpfen
Meersalz
Zitronensaft
1 Stengel Thymian, abgezupfte Blättchen
2 EL Olivenöl
2 Schalotten, geschält und fein gehackt
3 Knoblauchzehen, geschält und fein gehackt
1 kleine Stange Porree, in Ringe geschnitten
100 g Möhren, in dünne Scheiben geschnitten
1/2 l Bier
20 g Butter
20 g Dinkelvollkornmehl
1 EL Basilikumblätter, gehackt
Pfeffer aus der Mühle

1. Den Karpfen schuppen, ausnehmen, waschen, mit Salz einreiben, mit Zitronensaft beträufeln und die Thymianblättchen darüberstreuen.
2. Öl in eine feuerfeste Form geben, die feingehackten Schalotten und den Knoblauch kurz anbraten. In Ringe geschnittenen Porree und Möhrenscheiben zugeben, ebenfalls kurz anschwitzen und mit der Hälfte vom Bier auffüllen.
3. Den Karpfen auf das Gemüse legen und im vorgeheizten Backofen bei 220 °C in etwa 20–25 Minuten garen. Nach und nach das restliche Bier angießen.
4. Wenn der Fisch gar ist, herausnehmen und warm halten.
5. Die Flüssigkeit mit dem Gemüse auf der Kochplatte etwa 5 Minuten einkochen lassen. Butter und Mehl verkneten, dann die Sauce mit der Mehlbutter leicht binden und Basilikum untermischen. Mit Pfeffer und Salz abschmecken. Die Gemüsesauce über dem gegarten Karpfen anrichten.
Dazu passen Kartoffeln und ein würzig angemachter Blattsalat.

SO WAR'S FRÜHER

Sehr häufig hat man früher aus Fischgräten und Köpfen einen Fond gemacht, der dann geklärt und mit Rotwein und Wurzelwerk reduziert wurde, aber sehr säurereich war.

SO IST'S HEUTE

Da schon der Fisch aufgrund seines hohen Eiweißgehalts Säureüberschuß hat, sind Gemüse, Salat und Kartoffeln (basisch) der ideale Ausgleich.

TIP VON INGRID BIEDENKOPF

Wer mag, kann die Sauce mit etwas Honig abrunden. Zu Vollkornreis oder Vollkornnudeln schmeckt sie besonders fein.

Gefülltes Karpfenfilet auf sächsische Art (Foto)

So war's früher

Früher war es üblich, Fischfarcen noch hartgekochte Eier und als Bindung Semmelbrösel zuzusetzen. Dafür wurde viel Fett verwendet, was für die Verdauung sehr belastend war.

So ist's heute

Fische sind leichter verdaulich als Muskelfleisch und enthalten wertvolle Fette und Mineralstoffe. Bei der Zubereitung sollte aber darauf geachtet werden, daß nicht zuviel Fett und Eiweiß verwendet werden, z.B. beim Backen oder Panieren.

Tip von Ingrid Biedenkopf

Köstlich zu diesem Gericht ist auch eine Senfsauce aus Äpfeln und Zwiebeln zu gleichen Teilen, die angedünstet, im Mixer püriert, mit Cidre oder Gemüsebrühe aufgegossen und mit etwas Honig, Salz und Senf abgeschmeckt werden. Der Fisch wird dann in nur wenig Cidre und 1/2 EL Maiskeimöl gedünstet.

Für 4 Personen

1 Karpfen von ca. 2 kg (die Bauchlappen zum Mixen verwenden, 150 g)
150 ml Sahne (oder 75 ml Gemüsebrühe und 75 ml Sahne)
1 Msp. Meersalz
1 Msp. Pfeffer aus der Mühle
Muskat
1 TL Zitronensaft
1 TL flüssige Butter oder Maiskeimöl
1 Apfel (100 g)
1 mehligkochende Kartoffel, geschält (100 g)
50 g Zwiebelringe
1/8 l Apfelwein
50 g Banane, geschält
1 EL echtes, mildesCurrypulver
1 Zweig frisches Basilikum

1. Den ganzen Karpfen ausnehmen, filetieren und enthäuten. Von den zwei Filets die Bauchlappen so abschneiden, daß 150 g zum Mixen bleiben. Die Bauchlappen kleinschneiden und mit der Sahne im Mixer zu einer feinen Farce pürieren. Mit Salz, Pfeffer und Muskat abschmecken.
2. Die beiden Karpfenfilets mit Salz, Zitronensaft und Pfeffer würzen und mit der Fischfarce bestreichen. Die beiden Karpfenfilets übereinanderlegen (geht aber auch einzeln), mit flüssiger Butter oder Öl überpinseln und die Farce an den Seiten glattstreichen.
3. Apfel und Kartoffel schälen und vierteln und zusammen mit den Zwiebelringen in eine Kokotte geben, mit Apfelwein auffüllen und die Karpfenfilets darauflegen. Im vorgeheizten Backofen bei 200 °C in etwa 20 Minuten garen. Die Karpfenfilets herausheben und warm halten.
4. Wenn die Kartoffel- und Apfelwürfel weich sind, die Banane und das Currypulver dazugeben und das Ganze im Mixer zu einer cremigen Sauce mixen. Eventuell etwas Sahne oder Gemüsebrühe zugießen, falls die Sauce zu dick ist. Nach Geschmack nachwürzen. Die Sauce auf Teller gießen und die schräg geschnittenen Karpfenfilets daraufsetzen. Mit Basilikum garnieren.
Zum Karpfen (säureüberschüssig durch hohen Eiweißgehalt) serviert man am besten gedämpfte Kartoffeln (basisch) als Ausgleich. Ein Salat vorweg und frische Küchenkräuter sorgen für weitere „Basenzufuhr“.

Vogtländischer Karpfen

TIP VON
INGRID BIEDENKOPF

Man kann den Karpfen auch im Wurzelsud oder mit Gemüsestreifen servieren. Wer es gern ein wenig italienisch mag, gibt Tomaten mit etwas Basilikum dazu. Gewöhnlich reicht man dazu gedämpfte Kartoffeln mit gehackter Petersilie.

In Sachsen werden jährlich ca. 2 600 Tonnen (1,9 Mio. Stück) Speisekarpfen gezüchtet, die besonders fettarm und von ausgezeichnetem Geschmack sind.

FÜR 4 PERSONEN

1 mittelschwerer Karpfen (ca. 1 kg)
Zitronensaft
1 Bund Basilikum
Meersalz, Pfeffer aus der Mühle
20 g Butter
50 g Porree oder Frühlingszwiebeln, in Ringe geschnitten
50 g mehligkochende Kartoffeln, geschält, kleingeschnitten
50 g Möhren, geschält, in Scheiben
50 g Petersilienwurzeln, in Scheiben
2 Lorbeerblätter
1/4 l helles Bier (nicht bitter)
1/8 l Gemüsebrühe
1 EL saure Sahne

1. Den Karpfen ausnehmen, schuppen, längs filetieren, die Filets halbieren. Die vier Karpfenfilets mit wenig Zitronensaft, der Hälfte der feingeschnittenen Basilikumblätter, Salz und Pfeffer würzen.
2. Butter in einer Kasserolle zerlassen und den Porree mit den Kartoffelstucken und dem Wurzelgemüse anschwitzen, Lorbeerblätter zugeben und mit Bier und Gemüsebrühe auffüllen.
3. Die Karpfenstücke darauflegen und in etwa 15 Minuten (je nach Größe) garen. Herausnehmen und warm halten. Die Sauce noch so lange kochen lassen, bis das Gemüse und die Kartoffeln weich sind. Vom Herd nehmen.
4. Lorbeerblätter entfernen und die Sauce mit saurer Sahne, Salz und Pfeffer im Mixer pürieren und nach Wunsch nachwürzen. Die Karpfenstücke in die Sauce legen und mit dem restlichen Basilikum bestreut servieren.

Basensauce für Fischgerichte

100 g mehligkochende Kartoffeln, geschält
10–20 g Butter
10 g Schalotten oder Porree, fein gehackt
100 ml Gemüsebrühe
1 kleines Glas trockener Weißwein
3 EL Sahne
Salz, Muskat
1 TL Basilikumblätter, gehackt

1. Kartoffeln würfelig schneiden. Butter in einer kleinen Kasserolle erhitzen, Schalotten oder Porree darin glasig werden lassen. Kartoffelwürfel zugeben, kurz mitbraten und mit Gemüsebrühe, Weißwein und Sahne aufgießen. Zugedeckt 10 Minuten köcheln lassen.
2. Die Kartoffeln mit Salz, Muskat und der Hälfte des Basilikums im Mixer pürieren; restliches Basilikum unterheben.

Plötze auf Lausitzer Art

DIE PLÖTZE GEHÖRT ZUR FAMILIE DER KARPFEN. WEGEN SEINER LEBHAFTEN FARBEN WIRD DIESER FISCH AUCH ROTZUNGE ODER ROTKARPFEN GENANNT. DAS WOHLSCHMECKENDE FLEISCH HAT LEIDER VIELE GRÄTEN.

FÜR 4 PERSONEN

800 g Plötzen
Saft von 1/2 Zitrone
1 Bund Basilikum, fein geschnitten
Salz
1 EL Olivenöl
8 Zitronenscheiben
Petersilie, fein gehackt

Für die Sauce:
200 g Zwiebeln
500 g Tomaten
200 g Kartoffeln
20 g Butter
2 EL Olivenöl
je 1/8 l Gemüsebrühe und Weißwein
Meersalz
1/8 l Sahne
Pfeffer aus der Mühle

1. Fische waschen und mit dem Messerrücken die Schuppen abschaben. An der Bauchseite vom Schwanz zum Kopf hin mit einem spitzen Messer aufschlitzen, ausnehmen und gut auswaschen. Fisch innen mit Zitronensaft sowie etwas feingeschnittenem Basilikum würzen und salzen.
2. In einer großen Pfanne Olivenöl erhitzen und die Fische beidseitig anbraten, herausnehmen und in eine feuerfeste Form legen.
3. Für die Sauce Zwiebeln schälen und in Ringe schneiden. Tomaten häuten, entkernen und grob schneiden. Kartoffeln schälen und in sehr kleine Würfel schneiden. In der großen Fischpfanne die Butter und das Olivenöl erhitzen. Zwiebelringe und Kartoffeln darin anbraten und mit Gemüsebrühe und Weißwein auffüllen. Salzen und zugedeckt weich kochen. Zwei Drittel davon über die Plötzen geben, den Rest mit der Sahne pürieren und ebenfalls über die Fische geben.
4. Die Tomatenwürfel salzen und pfeffern, dann in der Form verteilen, diese in den Backofen schieben und die Fische in etwa 20 Minuten bei ca. 200 °C garen. Dann mit Zitronenscheiben, Petersilie und dem restlichen Basilikum garnieren. Wird der Fisch vorher filetiert, läßt man zuerst die Sauce garen und gibt die Plötzen in den letzten 10 Minuten darauf.

SO WAR'S FRÜHER

Fisch wurde früher grundsätzlich in Mehl gewendet, bevor man ihn anbriet. Da Eiweiß durch Hitze fest wird, kam es durch die Fett-Mehl-Bindung häufig zu einer schwer verdaulichen Eiweißkruste.

SO IST'S HEUTE

Heutzutage werden Fische häufig nicht mehr im Ganzen zubereitet, sondern meist vorher schon filetiert, wodurch sich die Zubereitungszeit entscheidend verkürzt.

KÜCHEN-TIP

Früher richtete man Fischgerichte meist mit einer halben Zitrone an. So konnte man Zitronensaft nachträufeln, wenn eine Gräte im Hals steckenblieb. Durch die Zitronensäure wird die Gräte erweicht und rutscht dann leichter hinunter. Zuviel Zitronensaft beeinträchtigt aber den Geschmack des Fisches.

Sächsische „Forellen" (Foto)

Bei den sächsischen Forellen handelt es sich schlicht und einfach um grüne Heringe, die wie Forellen blau gekocht und mit einer Kräutersauce auf den Tisch gebracht werden.

Für 4 Personen

8 kleine Heringe à 60 g
Saft von 1/2 Zitrone
Meersalz
1 l Wasser
je 1 kleine Petersilienwurzel und Möhre, geschält
1 Zwiebel, geschält
2 Lorbeerblätter
6 Pfefferkörner
3 EL Essig
8 Zitronenscheiben

Für die Sauce:
50 g Schalotten oder Zwiebeln, geschält und gehackt
20 g Butter
250 g mehligkochende Kartoffeln, geschält
1/2 l Gemüsebrühe
Meersalz
2 EL Sahne
Muskat
1 Bund frisches Basilikum, fein geschnitten

1. Heringe ausnehmen und gründlich waschen. Mit Zitronensaft ausreiben und salzen. Wasser mit kleingeschnittenem Gemüse, Zwiebeln, Gewürzen und Essig zum Kochen bringen. Heringe einlegen und ca. 10 Minuten darin mehr ziehen als kochen lassen.
2. Für die Sauce Schalotten in heißer Butter anschwitzen. Kleingeschnittene rohe Kartoffeln zugeben und mit Gemüsebrühe auffüllen. Salzen und so lange kochen lassen, bis die Kartoffelstücke weich sind. Vom Herd nehmen und mit Sahne, Salz, Muskat und feingeschnittenen Basilikumblättern (etwas Basilikum zum Garnieren beiseite legen) pürieren.
3. Die Heringe mit dem Sieb aus dem Kochwasser heben, anrichten und mit Zitronenfilets und Basilikumstreifen garnieren. Die Kräuter-Basilikum-Sauce extra reichen.

So war's früher

Heringe waren leichter und preiswerter zu bekommen als Forellen. Mit verschiedenen Saucen konnten leckere Gerichte daraus zubereitet werden.

So ist's heute

Bei Kräutersaucen kann als Grundlage eine Kartoffelsauce dienen. Da Kartoffeln vom Geschmack her neutral sind, nimmt die Basis sofort den Geschmack der mitpürierten Kräuter an. Etwas Fischfond und Sahne runden den Geschmack ab.

Küchen-Tip

Wird der Fisch vor der Zubereitung filetiert, so kann auch eine Eier-Butter-Sauce zur Hälfte mit einer Kartoffelsauce gemischt werden. Für die Eier-Butter-Sauce braucht man 1 Eigelb, 3 Eßlöffel Weißwein und 80 g zerlassene Butter. Eigelb mit Weißwein über Dampf aufschlagen und die Butter tropfenweise dazurühren.

Sächsischer Kartoffelkuchen (Foto)

So war's früher

Kartoffeln waren früher ein Hauptnahrungsmittel und in Verbindung mit Ei und Mehl als Sattmacher besonders geeignet.

So ist's heute

Jedes noch so deftige Gericht kann heute leichter werden. Allerdings soll der charakteristische Geschmack der Speisen nicht verlorengehen.

Tip von Ingrid Biedenkopf

Man kann dem Kartoffelbelag auch geriebenen Käse und frische Küchenkräuter beimischen. Dann muß natürlich der Honig im Teig reduziert und im Belag ebenso wie Zimt und Zucker weggelassen werden. Dazu paßt gemischter Salat. Kalter Kartoffelkuchen kann aufgewärmt und, wenn er nicht süß ist, mit Tomaten und Mozzarella gratiniert werden.

Für 4 Personen

Für den Teig:
200 g Dinkel, sehr fein gemahlen
8 EL warme Milch
30 g Butter
20 g Hefe
1 EL Honig
Meersalz

Für den Belag:
600 g mehligkochende Kartoffeln
2 Eigelb
2 EL Honig
Salz
1 Msp. Kardamom
Saft und abgeriebene Schale von 1 Zitrone
1/4 l saure Sahne
2 Eiweiß

Mehl zum Ausrollen
Butter für das Backblech
40 g Vollrohrzucker
1 TL Zimt
30 g Butter

1. Die Kartoffeln für den Belag mit der Schale weich dämpfen, gut abkühlen lassen, dann pellen und zugedeckt stehenlassen.
2. Für den Teig aus dem Dinkelmehl, der Milch, der warmen Butter, der fein zerbröckelten Hefe, dem Honig und einer Prise Salz einen glatten Hefeteig kneten. Diesen ca. 1/2 Stunde an einem warmen Platz gehen lassen.
3. Während der Teig geht, den Belag vorbereiten. Dazu Kartoffeln reiben. Eigelbe und Honig in einer Schüssel schaumig rühren. Salz, Kardamom, Zitronensaft und -schale zugeben. Kartoffeln und saure Sahne darunterrühren. Eiweiße steifschlagen und unterheben.
4. Den Hefeteig auf dem bemehlten Backbrett 1 cm dick ausrollen. Backblech mit Butter einfetten. Teig aufs Blech legen und den Belag darauf streichen. Vollrohrzucker und Zimt mischen und darüberstreuen. Die Butter in Flöckchen obenauf setzen.
5. Das Blech in den vorgeheizten Ofen auf die mittlere Schiene schieben und 25 Minuten bei 180 °C backen. Herausnehmen und den Kartoffelkuchen in 6 x 6 cm große Stücke schneiden. Ergibt 30 Stück. Warm oder kalt servieren.

Kartoffelpuffer

So war's früher

Zum Anbraten wurde früher Schweinefett verwendet. Manchmal landeten die Puffer gar in der Friteuse.

So ist's heute

Bei Kartoffelpuffern sollte man Fett sparen. Die Kartoffelstärke sorgt unter Hitzeeinwirkung für eine gute Bindung.

Tip von Ingrid Biedenkopf

Kleine Puffer (ca. 5 cm im Durchmesser), mit Zucchini oder Möhren angereichert, passen vorzüglich zum Aperitif und zum Wein. Mit Crème fraîche und rotem Kaviar ergeben sie eine delikate Vorspeise.

Küchen-Tip

Dätscher müssen unbedingt in einer großen Pfanne gebraten werden.

Kartoffeln schmecken am besten, wenn man sie kurz vor Verwendung frisch reibt. Werden Kartoffeln grob gerieben, müssen sie mit einem Ei gebunden werden, reibt man sie sehr fein, ist das Ei überflüssig. Mehl braucht man nicht für den Teig. Frische Kräuter und zusätzlich frisch geriebenes Zucchinigemüse oder Möhren verfeinern die Kartoffelpuffer.

Für 4 Personen

400 g mehligkochende Kartoffeln, geschält
200 g Möhren, geschält
1 TL Majoranblättchen, frisch gehackt
Meersalz, Muskat, 2 EL Olivenöl

1. Kartoffeln und Möhren fein reiben. Kurz stehenlassen und den Saft auspressen. Majoran, Salz und Muskat zugeben und aus der Kartoffelmasse 8 kleine oder 4 große Klöße formen. Diese nacheinander in eine große Pfanne mit erhitztem Olivenöl geben, mit dem Pfannenmesser flachdrücken (ca. 1/2 cm dick) und auf beiden Seiten knusprig braun braten. Eventuell mehrmals wenden.
2. Die fertigen Kartoffelpuffer im Backofen warm halten, bis alle gebraten sind. Am besten streicht man das Olivenöl mit einem Metallpinsel in die Pfanne.

Thüringer Dätscher

Am besten schmeckt Katoffelteig, wenn unter die gekochten Kartoffeln frisch geriebene, rohe Kartoffeln gemischt werden.

Für 4 Personen

500 g mehligkochende Kartoffeln
250 g Pellkartoffeln, abgekühlt
1 EL saure Sahne
25 g Dinkel- oder Weizenvollkornmehl
1 EL Küchenkräuter, fein gehackt
Meersalz, Pfeffer, Muskat
2 EL Olivenöl oder Maiskeimöl

1. Die Kartoffeln schälen, waschen und fein reiben. Die Masse auf ein Sieb geben und auspressen. Das Wasser auffangen und die abgesetzte Kartoffelstärke mitverwenden. In eine Schüssel geben.
2. Die erkalteten Pellkartoffeln abziehen und ebenfalls in die Schüssel reiben. Saure Sahne, Dinkelmehl, Küchenkräuter, Salz, Pfeffer und Muskat zugeben.
3. Öl in einer schweren Pfanne erhitzen und handtellergroße Plätzchen (Dätscher) von beiden Seiten knusprig braten.

Polenta-Auflauf mit Schafkäse

Für 4 Personen

1 l Wasser
20 g Butter
Meersalz
300 g Maisgrieß
250 g weicher, milder Schafkäse
5 EL Sahne
Butter für die Form

1. Das Wasser und die Butter erhitzen und leicht salzen. Den Maisgrieß einrühren und 5 Minuten bei schwacher Hitze kochen lassen. In der Zwischenzeit den Schafkäse mit der Sahne gut verrühren.

2. Einen Teil der Polenta 1 cm hoch auf den Boden einer gebutterten Form streichen, dann eine dünne Schicht Schafkäse darübergeben. Diesen Vorgang zweimal wiederholen und die Form in den vorgeheizten Backofen schieben. Bei 200 °C 15 Minuten backen.
Dazu paßt ein kleiner bunter Salat der Saison.

Vollwertnudeln mit Tomaten-Basilikum-Sauce

Für 4 Personen

3 Schalotten oder kleine Zwiebeln
2 EL Butter
100 g Tomatenmark
1/4 l Gemüsebrühe
1 Bund Basilikum
400 g Vollwertnudeln
Salz
4 Tomaten
1 mittelgroße Zucchini
Pfeffer aus der Mühle

1. Die Schalotten schälen, fein hacken und in 1 EL Butter anschwitzen. Tomatenmark zufügen, umrühren und mit Gemüsebrühe aufgießen. 5 Minuten köcheln lassen. Basilikum waschen, die Blätter von den Stielen zupfen und fein schneiden. Die Nudeln in Salzwasser kochen (ca. 6 Minuten) und auf ein Sieb gießen.

2. Die Tomaten und Zucchini waschen. Tomaten in kochendem Wasser ca. 10 Sekunden lang überbrühen, häuten, achteln, Kerne und Stielansätze entfernen. Zucchini halbieren und blättrig schneiden. Tomaten und Zucchini in der restlichen Butter anbraten, die Tomatensauce zufügen und kurz kochen lassen. Mit Salz und Pfeffer würzen (nach Wunsch noch etwas Honig und einen Spritzer Essig zufügen). Nudeln auf Tellern anrichten, mit der Sauce übergießen und mit Basilikum bestreuen.

So war's früher

Maismehl und Maisgrieß wurden früher viel verwendet. Polenta hat man mit Griebenschmalz geröstet und auch mit Kaffee und Milch serviert.

So ist's heute

Mais zählt zu den kleberarmen Getreidesorten und ist daher zum Backen nicht gut geeignet. Polenta mit Gemüse aber ist ein feines Gericht für heiße Tage.

Küchen-Tip

Statt Maisgrieß eignen sich auch Hirse, Amaranth oder Quinoa für die Zubereitung. Der Schafkäse muß sehr frisch sein und darf keine Schärfe besitzen. Man kann auch Mozzarella verwenden.

Krautfleckerln

Fleckerln sind hausgemachte Nudelquadrate von etwa 1 cm Seitenlänge. Man kann auch in Stücke gebrochene Bandnudeln verwenden.

Für 4 Personen

150 g Zwiebeln, geschält
50 g Butterschmalz
20 g Vollrohrzucker
400 g Weißkohl (Weißkraut)
Meersalz, Pfeffer aus der Mühle
600 g gekochte Vollkornfleckerln

1. Die Zwiebeln grob hacken und in Butterschmalz rösten. Den Zucker und den in kleine Würfel geschnittenen Kohl mitbraten; wenn das Ganze etwas Farbe hat, wenig Wasser angießen. Salzen, pfeffern und langsam bißfest garen.
2. Kurz vor dem Servieren vermischt man den gedünsteten Kohl mit den in Salzwasser al dente gekochten Fleckerln. Würzig abschmecken.

Tip von Ingrid Biedenkopf

Krautfleckerln gehören zu meinen Lieblingsgerichten. Fein schmecken sie auch mit Würfeln von geräuchertem Hähnchenfleisch. Richten Sie die Fleckerln auf Tellern an, sonst ißt man viel zuviel davon, weil man nicht aufhören kann.

Seußlitzer Spargelrouladen (Foto)

Für 4 Personen

1 kg weißer Spargel
1 EL Zitronensaft oder Weißwein
Meersalz
1 EL Zucker
200 g Mangold
40 g Butter
200 g Tomaten, gehäutet und entkernt
1 Bund Basilikum
100 g Putenschinken, in dünnen Scheiben
20 g Parmesan

1. Spargel von der Spitze zum Fußende hin immer dicker schälen, die Enden abschneiden. Die Schalen mit reichlich Wasser, etwas Zitronensaft, Salz und Zucker in einem hohen Topf zum Kochen bringen. Spargel in 4 Portionen binden und im Wasser stehend bißfest garen (je nach Stärke 10–12 Minuten). Der Spargel muß völlig mit Wasser bedeckt sein.
2. In der Zwischenzeit den Mangold waschen, abtropfen lassen und in 20 g heißer Butter nicht zu weich dünsten. Die Tomaten achteln, mit feingeschnittenem Basilikum und Salz mischen und in einer Pfanne wärmen.
3. Mangold zuunterst anrichten, Spargel portionsweise in die im Kochwasser erwärmten Putenschinkenscheiben wickeln. Auf den Mangold legen, mit der restlichen zerlassenen Butter bestreichen und die erwärmten Tomaten darübergeben. Mit Parmesan bestreuen.

Tip von Ingrid Biedenkopf

Spargel muß saftig und frisch sein. Er sollte, in ein feuchtes Tuch eingeschlagen, im Kühlschrank aufbewahrt werden. Das richtige Schälen und Kochen ist eine Kunst. Spargel darf weder zu fest noch zu weich werden. Aus dem Spargelsud kann man mit Kartoffelwürfeln eine köstliche Spargelsuppe machen, die mit Sahne und bei besonderen Festessen mit einem Ei abgezogen wird.

Butterkohlrabi

KÜCHEN-TIP

Die Kohlrabi können auch mit feingehackten Nüssen und 1/8 l Sahne eingekocht bzw. reduziert werden. Oder man verwendet statt Sahne eine pürierte Gemüsesauce (Rezept S. 99).

FÜR 4 PERSONEN

800 g junge Kohlrabi
40 g Butter
1 Prise Zucker
1/8 l Gemüsebrühe
Meersalz
weißer Pfeffer

1. Die Blätter der Kohlrabi entfernen, einige kleine Blätter fein schneiden. Die Kohlrabi schälen (aus den Schalen eine Gemüsebrühe kochen) und in dünne Scheiben schneiden.
2. In einer großen Pfanne die Butter erhitzen, Kohlrabi darin mit etwas Zucker anschwitzen, die Gemüsebrühe angießen, würzen und das Gemüse zugedeckt weich dünsten. Zum Schluß die feingeschnittenen Kohlrabiblättchen untermischen.

Sauerkraut

SO WAR'S FRÜHER

Zum Sauerkraut gehörte ein Stück Speck oder geräuchertes Schweinefleisch, das mitgedünstet wurde. Auch gab man gern etwas Griebenschmalz ins Gemüse. Gebunden wurde es mit einer Mehlschwitze.

SO IST'S HEUTE

Auch ein Stück mageres Geflügelfleisch sorgt für den erwünschten Geschmack nach Geräuchertem. Rohe Kartoffeln werden ins Sauerkraut gerieben.

FÜR 4 PERSONEN

120 g Zwiebeln, fein gehackt
50 g Butterschmalz
50 g geräuchertes Hühnerbrüstchen oder Putenbrust
1/8 l Weißwein
1 kg Sauerkraut
1/2 l Gemüsebrühe
Meersalz
1 TL Vollrohrzucker
2 Lorbeerblätter
10 weiße Pfefferkörner
1 TL Kümmel
5 Wacholderbeeren
2 Knoblauchzehen, geschält und fein gehackt
2 Kartoffeln, geschält

1. Die feingehackten Zwiebeln im heißen Butterschmalz anschwitzen. Die in kleine Würfel geschnittene Hühnerbrust dazugeben, anbraten und mit Weißwein ablöschen. Das Sauerkraut unterrühren. Mit Gemüsebrühe aufgießen, mit Salz und Zucker würzen und die Gewürze und den Knoblauch zugeben. Zugedeckt bei schwacher Hitze ca. 30 Minuten dünsten und nach Wunsch mit Gemüse-Streuwürze abschmecken.
2. Um das Sauerkraut zu binden, zum Schluß die feingeriebenen Kartoffeln dazugeben und das Gemüse noch 5 Minuten kochen lassen.

Apfelrotkohl

Apfelrotkohl ist eine beliebte Beilage zu Gänse- oder Entenbraten, Rippchen oder Rehbraten. Ein ideales Herbstgemüse, das Kraft und Wärme spendet.

Für 4 Personen

700 g Rotkohl
100 g Zwiebeln, geschält
20 g Butter
Meersalz
1/4 l Rotwein oder Wasser
300 g Äpfel
Pfeffer aus der Mühle
2 Gewürznelken
etwas Zimtrinde
1 TL Speisestärke
1 EL Honig oder Vollrohrzucker
1 EL Apfelessig oder Zitronensaft

1. Rotkohl putzen, waschen und in feine Streifen schneiden. Zwiebeln sehr fein hacken und in heißer Butter glasig braten. Den Kohl dazugeben, leicht salzen und mit Rotwein oder Wasser aufgießen. Ca. 30 Minuten dünsten.
2. Die Äpfel schälen, das Kerngehäuse ausstechen und die Äpfel in Spalten schneiden. Zum Kohl geben, mit Pfeffer, Gewürznelken und Zimtrinde würzen und gelegentlich umrühren. Nach weiteren 30 Minuten die Speisestärke mit etwas kaltem Wasser glattrühren und den Kohl damit leicht binden. Vom Herd nehmen, mit Honig und Apfelessig abschmecken.

Wirsing Magdeburger Art

Für 4 Personen

1 kg Wirsing, frühe Sorte
40 g Butter
Meersalz
weißer Pfeffer aus der Mühle
1/4 l Gemüsebrühe (aus dem Wirsingstrunk gekocht)
3 EL Paniermehl (Semmelbrösel aus Vollkornbrötchen)

1. Wirsing vierteln, putzen, waschen, Strunk herausschneiden und daraus eine Gemüsebrühe kochen.
2. Wirsing grob schneiden; in einer großen Kasserolle Butter erhitzen, Wirsing darin anbraten, salzen, pfeffern und mit der Gemüsebrühe aufgießen. Zugedeckt etwa 30 Minuten dünsten lassen.
3. Paniermehl in einer trockenen Pfanne unter ständigem Rühren goldgelb rösten und unter den Wirsing mischen. Wirsing ist eine ideale Beilage zu Hammelfleisch.

So war's früher

Der deftige Kohlgeschmack gehört zur kalten Jahreszeit. Zum Anbraten wurde Enten-, Gänse- oder Schweineschmalz verwendet.

So ist's heute

Kohl ist reich an Vitamin C, Mineralstoffen und Ballaststoffen und kann auch mit weniger Fett zubereitet werden.

Tip von Ingrid Biedenkopf

Statt der Speisestärke eine rohe geschälte Kartoffel fein gerieben verwenden oder den Kohl in karamelisiertem Vollrohrzucker ohne Äpfel dünsten.

Tip von Ingrid Biedenkopf

Statt Semmelbröseln eine mit 2 Eßlöffeln saurer Sahne angereicherte, nicht zu dicke Basensauce (Rezept S. 99) unter das Gemüse ziehen und mit Muskat abschmecken.

KÜCHEN-TIP

Statt Griebenschmalz, das früher auf die Strudelfüllung kam, kann man kleine Würfel von geräuchertem Huhn auf dem Gemüse verteilen, die in etwas Butterschmalz angebraten sind.

SO WAR'S FRÜHER

Früher wurde noch zusätzlich gehacktes Fleisch unter das Ratatouille gemischt.

SO IST'S HEUTE

Wenn das Gemüse cremiger sein soll, 1 Kochlöffel Ratatouille pürieren und dann untermischen.

TIP VON INGRID BIEDENKOPF

Statt Thymian und Rosmarin kann man auch reichlich Petersilie und Basilikum untermischen.

Gemüsestrudel (Foto)

FÜR 4–6 PERSONEN

250 g Strudelteig (Rezept S. 115)
200 g Weißkohl
je 100 g Brokkoli, Möhren, Zucchini oder Kürbis, Blumenkohl, Fenchel, Sellerie
1 Bund Frühlingszwiebeln oder
2 Zwiebeln, geschält
50 g Butter
300 g mehligkochende Kartoffeln
2 EL frische Kräuter
Meersalz
Kümmel, gemahlen
weißer Pfeffer
Fett für das Backblech
1 Ei
1/4 l saure Sahne und Melissenblätter zum Garnieren

1. Strudelteig nach Rezept Seite 115 zubereiten und ruhenlassen.
2. Die Gemüse putzen und waschen. In feine Streifen schneiden und nacheinander im Siebeinsatz weich dämpfen; sie sollen aber noch Biß haben. Auf einem Küchentuch abtrocknen. Die feingehackten Zwiebeln in heißer Butter goldgelb anschwitzen. Die Kartoffeln schälen und fein raffeln. Alle Zutaten, einschließlich der feingehackten Kräuter und der Gewürze, in einer Schüssel vermengen und gut würzen.
3. Den Teig auf ca. 60 x 80 cm ausziehen und die Füllung darauf gleichmäßig verteilen. Den Strudel einrollen, auf ein gefettetes Backblech legen und mit Ei bestreichen. Bei 200 °C etwa 20 Minuten backen. Den Strudel in Stücke schneiden und mit der sauren Sahne und abgezupften Melissenblättchen garnieren.

Ratatouille (Schmorgemüse)

FÜR 4 PERSONEN

2 Zwiebeln, geschält und fein gehackt
1 Knoblauchzehe, geschält und zerdrückt
3 EL Olivenöl
je 300 g Auberginen und Zucchini, geputzt und kleingeschnitten
je 1 gelbe, grüne und rote Paprikaschote, entkernt, grob gewürfelt
300 g Fleischtomaten, gehäutet, entkernt, in Stücken
Meersalz, Pfeffer aus der Mühle
1/8 l Gemüsebrühe
je 1/2 TL Thymianblättchen, Rosmarin und Petersilie

1. Die Zwiebeln und Knoblauch in heißem Olivenöl anbraten. Die vorbereiteten Gemüse zufügen, unter häufigem Rühren einige Minuten mitbraten.
2. Salzen, pfeffern und mit Gemüsebrühe ablöschen. Thymian und Rosmarin untermischen. Das Gemüse bei schwacher Hitze im geschlossenen Topf garen.
Das Ratatouille mit gehackter Petersilie bestreuen und servieren.

Mangoldeintopf

TIP VON
INGRID BIEDENKOPF

Man kann den Mangoldeintopf auch mit im Mixer gemahlenen Haferflocken, die mit Wasser oder Sahne angerührt werden, binden.

FÜR 4 PERSONEN

400 g mehligkochende Kartoffeln, geschält
200 g Möhren, geschält
400 g Mangold
150 g Zwiebeln, geschält
2 EL Olivenöl
1 l Gemüsebrühe
1/8 l Sahne
Meersalz
Muskat
Pfeffer

1. Die Kartoffeln in kleine Würfel, Möhren in nicht zu dünne Scheiben schneiden.
2. Den Mangold waschen, abtropfen lassen und Blätter und Stiele in große Stücke schneiden. Zwiebeln fein hacken und in heißem Olivenöl glasig werden lassen. Mangold, Möhren und Kartoffeln zugeben, Gemüsebrühe angießen und die Gemüse ca. 20 Minuten dünsten (ohne Deckel). Wenn die Kartoffeln und auch die Stiele weich sind, die Sahne zugießen und mit Salz, Muskat und Pfeffer kräftig abschmecken.
Will man das Gemüse binden, werden die Kartoffeln extra gegart und dann ein Drittel davon püriert. Püree und Kartoffelwürfel kommen zum Gemüse.

Spinatgemüse

TIP VON
INGRID BIEDENKOPF

Spinat kann man auch mit einer leichten Basensauce (Rezept S. 99) binden. In keinem Fall Muskat vergessen! Übrigens wird Spinat beim Warmhalten im Wasserbad grau.

FÜR 4 PERSONEN

800 g Spinat
100 g Zwiebeln, geschält und fein gehackt
20 g Butter
Meersalz, Pfeffer aus der Mühle
1/8 l Gemüsebrühe
1/8 l Sahne
Muskat
50 g geröstete Pinienkerne

1. Spinat putzen, waschen und gut abtropfen lassen. Dann in große Stücke schneiden.
2. Die Zwiebeln in einem flachen Kochtopf in heißer Butter glasig braten, Spinat zugeben, mit Salz und Pfeffer würzen und zusammenfallen lassen. Bei schwacher Hitze dünsten. Von Zeit zu Zeit etwas Gemüsebrühe angießen. Nach etwa 10 Minuten ist der Spinat gar, die Flüssigkeit verdunstet. Sahne zugeben, mit Muskat und nach Geschmack auch noch mit etwas Salz und Pfeffer abschmecken. Die gerösteten Pinienkerne untermischen.

Kürbisschnitzel

Für 4 Personen

1 kg Kürbis (am besten Spargelkürbis)
Meersalz, Muskat, Pfeffer aus der Mühle
2–3 Eier
2 EL Sahne
1 EL verschiedene Küchenkräuter, gehackt
2 EL Parmesan
2 EL Dinkelvollkornmehl
2 EL Butterschmalz

1. Kürbis schälen, halbieren, entkernen und in etwa 1/2 cm dicke Scheiben schneiden. Die Scheiben auf beiden Seiten mit Salz bestreuen und etwa 1/2 Stunde Saft ziehen lassen. Dann mit Küchenkrepp trockentupfen und mit Muskat und Pfeffer würzen.
2. Eier mit Sahne, Salz, Muskat, Küchenkräutern und Parmesan gut verquirlen. Kürbis zuerst in Mehl, dann in der Eiermasse wenden. Langsam in nicht zu heißem Butterschmalz auf beiden Seiten goldgelb braten.

Tip von Ingrid Biedenkopf

Mit einer leichten Remouladensauce mit vielen Kräutern und Salzkartoffeln ergeben Kürbisschnitzel ein köstliches sommerliches Gericht.

Thüringer Linseneintopf

Für 4 Personen

350 g Linsen
100 g Zwiebeln
300 g fettarme Putenwurst (Debreziner Art)
2 EL Olivenöl
je 200 g Porree, geputzt, Sellerieknollen und Möhren, geschält
500 g Kartoffeln, geschält
Meersalz, 2 Lorbeerblätter
1 TL pflanzliche Streuwürze
1 EL Honig
4 Nelken, Pfeffer aus der Mühle
2 EL Essig
1/8 l Sahne
1 EL Schnittlauchröllchen

1. Die Linsen am Vorabend in einem Sieb waschen und mit 1 l Wasser bedeckt in einer Schüssel quellen lassen.
2. Am nächsten Tag Zwiebeln schälen und fein hacken. Die Putenwurst in Scheibchen schneiden.
3. Öl in eine Kasserolle geben, Zwiebeln sowie die in Ringe oder Scheiben geschnittenen Gemüse und Kartoffeln nacheinander kurz mitbraten und die Linsen samt dem Einweichwasser dazugeben. Salz, Lorbeerblätter, Streuwürze, Honig und Nelken zugeben und alles bei schwacher Hitze weich kochen. Mit Pfeffer und Essig abschmecken. Zuletzt die Putenwurst und die Sahne untermischen. Den Linseneintopf anrichten und mit Schnittlauch bestreuen.

So war's früher

Man kochte Linsen am liebsten mit Räucherspeck.

So ist's heute

Statt Speck kann man geräucherte Putenbrust verwenden.

Tip von Ingrid Biedenkopf

Jedes Linsengericht kann durch einen Schuß trockenen Weißwein noch veredelt werden. Aber dann Vorsicht mit dem Essig!

Leipziger Allerlei (Foto)

SO WAR'S FRÜHER

Üblicherweise wurde die Sauce mit Mehl und Fett gebunden. Viel gesünder ist eine Bindung mit Hilfe von pürierten Kartoffeln.

SO IST'S HEUTE

Man kann bei diesem Gericht auf die Kartoffelsauce sogar verzichten, wenn ein Teil des Gemüses (außer Erbsen und Brokkoli) mit dem Pürierstab fein gemixt und mit etwas Butter verfeinert wird. So ist das Leipziger Allerlei kalorienärmer und leichter verdaulich.

KÜCHEN-TIP

Auch Wirsing oder Kohl passen ausgezeichnet zu diesem Gemüsegericht. Mit kleingeschnittenen Putenwürstchen wird daraus ein feiner Gemüseeintopf.

LEIPZIGER ALLERLEI IST ETWAS VIEL FEINERES ALS DAS WEITHIN BEKANNTE GEMÜSEGEMISCH, DAS MIT EINER HELLEN SAUCE GEBUNDEN WIRD. MAN GIBT NÄMLICH AUCH MORCHELN, KREBSFLEISCH ODER SCAMPI UND KLEINE SEMMELKLÖSSE DAZU.

FÜR 4 PERSONEN

je 150 g Möhren, Blumenkohl, Tiefkühlerbsen, Spargel, Kohlrabi oder Brokkoli
100 g frische Morcheln, ersatzweise Champignons oder andere Pilze
20 g Butter
50 g Zwiebeln oder Porree, in feine Ringe geschnitten
250 g mehligkochende Kartoffeln, geschält
Meersalz
1/8 l Sahne
Pfeffer aus der Mühle, Muskat
2 EL gehackte Küchenkräuter (z.B. Petersilie, Kerbel, Schnittlauch, Estragon)
150 g Krebsfleisch oder Scampi

1. Die Gemüse einzeln putzen, waschen, gefällig schneiden oder Röschen abzupfen, Erbsen auftauen.
2. Im Siebeinsatz Möhren und Kohlrabi nicht zu weich dämpfen. Die Erbsen, Blumenkohl, Spargel, Brokkoli und Pilze kochen, so daß sie noch Biß haben. Das Kochwasser für die Sauce weiterverwenden.
3. Butter in eine Kasserolle geben, Zwiebel- oder Porreeringe und kleingeschnittene Kartoffeln darin leicht anbraten und salzen. Mit ca. 1/2 l der aufgefangenen Gemüsebrühe auffüllen und weich kochen. Mit dem Pürierstab mixen und mit Sahne, Pfeffer und Muskat würzig abschmecken. Feingehackte Küchenkräuter untermischen.
4. Die Kartoffelsauce mit dem gegarten Gemüse vorsichtig mischen, das Krebsfleisch oder die kurz angebratenen Scampi kleinschneiden, untermischen und das Gericht nochmals würzig abschmecken.
5. Das Leipziger Allerlei auf Suppentellern anrichten und nach Wunsch extra gedämpfte Kartoffelstücke oder kleine Semmelklöße dazu reichen.

Sächsischer Wirsingeintopf

TIP VON INGRID BIEDENKOPF

Den Kümmel ganz frisch hacken, das ergibt einen besonders intensiven Geschmack.

SO WAR'S FRÜHER

Man verwendete für solche Eintöpfe mit Vorliebe Schweinenacken.

SO IST'S HEUTE

Kohl- oder Wirsingeintopf sollte möglichst zu Mittag gegessen werden, weil er schwer verdaulich ist. Er schmeckt auch ohne Fleisch ausgezeichnet.

FÜR 4 PERSONEN

400 g Lammschulter oder geräuchertes Huhn
1 kg Wirsing
400 g mehligkochende Kartoffeln
40 g Butter oder Butterschmalz
2 Zwiebeln, geschält und fein gehackt
100 g Möhren, geschält
1/2 l Gemüsebrühe
Meersalz, Pfeffer aus der Mühle
1 TL pflanzliche Streuwürze
Kümmel, gehackt
1 Bund frischer Thymian

1. Das Fleisch abspülen, abtrocknen und in etwa 3 cm große Würfel schneiden. Wirsing halbieren, den Strunk entfernen. Wirsing grob würfeln. Kartoffeln schälen, waschen und in ca. 3–4 cm große Würfel schneiden.
2. Butter in einem Schmortopf erhitzen, Zwiebeln und Fleisch darin kurz anbraten, Wirsing, Kartoffeln und in Scheiben geschnittene Möhren zugeben und mit Gemüsebrühe aufgießen. Mit Salz, Pfeffer, Streuwürze und Kümmel würzen. Etwa 30 Minuten dünsten.
3. Wenn das Fleisch weich ist, den Wirsingtopf nochmals nachwürzen und die Thymianblättchen unterrühren. Nach Geschmack mit etwas Sahne verfeinern.

Süß-saure Tunke

TIP VON INGRID BIEDENKOPF

Die saure Sahne kann auch mit Joghurt vermischt werden. Dann ist die Sauce entsprechend leichter. Süß-saure Saucen passen zu Gemüse, Fleisch, Fisch oder Kartoffeln. Sie eignen sich auch ausgezeichnet für Reis- oder Nudelsalate.

FÜR 4 PERSONEN

Für die Grundsauce:
1/2 l dicke saure Sahne (Schmant)
2 EL kaltgepreßtes Pflanzenöl (Olivenöl, Mandelöl, Nußöl, Distelöl)
1 EL Apfelessig oder Zitronensaft
1 EL Honig
Meersalz, Pfeffer aus der Mühle

Alle Zutaten werden mit dem Schneebesen aufgeschlagen oder im Mixer verrührt.

Variationen mit weiteren Zutaten für die Süß-saure Tunke:
1. 2 EL mildes Currypulver, 1 zerdrückte Banane oder Mango
2. 4 EL Tomatenketchup, 1 TL Meerrettich, 1 EL Cognac
3. 2 EL gehackte Küchenkräuter, 2 zerdrückte Knoblauchzehen
4. 2 EL feingehackte Kapern, 1 feingehackte Zwiebel, 2 EL feingehackte Gewürzgurken, 1 kleingewürfelter Apfel, 1 TL Senf

Selbstgemachtes Tomatenketchup

Nur zur Tomatenzeit sollte man Tomaten essen, mit ihnen kochen und sie für den Winter verarbeiten. Man kann Tomatenmark oder Tomatenketchup auf Vorrat zubereiten und einfrieren oder ohne Konservierungsmittel einwecken.

2 1/2 kg Tomaten
2 Zwiebeln
1 Knoblauchzehe
3–4 EL Olivenöl
2 Lorbeerblätter
2 Nelken
1/2 Zimtstange
Meersalz
Pfeffer
120 g Vollrohrzucker
1 TL Apfelessig oder Aceto balsamico

1. Tomaten waschen, Stengelansätze ausschneiden, Tomaten in Würfel schneiden. Zwiebeln schälen und fein schneiden, Knoblauch schälen und zerdrücken und beides in heißem Olivenöl glasig braten.

2. Tomaten, Lorbeerblätter, Nelken und Zimtstange zugeben, salzen, pfeffern und alles bei mittlerer Hitze ca. 35 Minuten dick einkochen lassen. Zwischendurch umrühren, damit die Tomatenmasse nicht anbrennt. Lorbeerblätter und Nelken herausnehmen, den Zucker und den Essig dazugeben und die Masse durchpassieren.

3. Noch heiß in kleine Gläser mit Schraubverschluß füllen, obenauf ein paar Tropfen hochprozentigen Alkohol geben, anzünden und mit dem Deckel vorsichtig schließen oder in Plastikbecher mit Deckel füllen und einfrieren.

Basensauce für Gemüse

50 g mehligkochende Kartoffeln, geschält
50 g Sellerieknolle oder junge Petersilienwurzel, geschält
20 g Butter
10 g Zwiebeln, Schalotten oder Porree, fein gehackt
1/4 l Gemüsebrühe
Meersalz, Muskat
1 EL saure Sahne (nach Wunsch)
1 TL frische, gehackte Kräuter

1. Kartoffeln und Sellerie oder Petersilienwurzel würfelig schneiden. Butter in einer kleinen Kasserolle erhitzen, Zwiebeln, Schalotten oder Porree darin anbraten. Gemüsewürfelchen zugeben und mitbraten. Gemüsebrühe angießen. Zugedeckt 10 Minuten köcheln lassen.

2. Die Gemüse mit Salz und Muskat würzen und mit saurer Sahne (nach Wunsch) im Mixer pürieren. Kräuter zuletzt unterheben.

So war's früher

Tomatenmark wurde früher in jedem Haushalt selbst gemacht und dann zu verschiedensten Gerichten verwendet. Damals kamen die Tomaten meist aus dem eigenen Garten.

So ist's heute

Gerade Kinder essen viel zuviel billiges Ketchup. Es gibt fast kein Gericht mehr, zu dem nicht Ketchup verlangt wird. Schon aus diesem Grund sollte man es selbst herstellen.

Tip von Ingrid Biedenkopf

Werden die Tomaten unpassiert mit frischen Basilikumblättern gemischt, sind sie wunderbar aromatisch und die ideale Beigabe zu Nudelgerichten und Fisch; mit selbstgemachten Dinkelnudeln mein Lieblingsgericht.

Kohlrouladen (Foto)

Ein einfaches Gericht, das sowohl mit Weisskohl als auch mit Rotkohl, Mangold oder Wirsingblättern zubereitet werden kann.

Für 4 Personen

1 kleiner Weißkohl
150 g Zwiebeln, geschält
3 Knoblauchzehen, geschält
2 EL Öl
2 Vollkornbrötchen
400 g Hackfleisch vom Rind
Meersalz, Pfeffer aus der Mühle
Butter für die Form
150 g mehligkochende Kartoffeln, geschält
100 g Sellerieknollen, geschält
3/4 l Kohlbrühe
1/4 l süße oder saure Sahne
1 Bund Majoran

1. Aus dem Weißkohl den Strunk herausschneiden, den Kohl kurz in kochendem Wasser aufkochen, die Blätter nacheinander ablösen und nochmals kurz kochen lassen. Sie müssen biegsam werden.
2. Für die Füllung feingeschnittene Zwiebeln und zerdrückten Knoblauch in heißem Öl anbraten. Brötchen kurz in heißer Kohlbrühe einweichen, ausdrücken und zusammen mit Zwiebeln und Knoblauch sowie dem Hackfleisch gut verkneten. Mit Salz und Pfeffer würzig abschmecken. Die Füllung in die Kohlblätter einwickeln und diese seitwärts einschlagen. Die Rouladen in eine ausgebutterte Auflaufform geben.
3. Die kleingeschnittenen Kartoffeln und Sellerieknollen mitsamt der Kohlbrühe darübergeben und die Form in den vorgeheizten Backofen stellen. Bei 200 °C ca. 1/2 Stunde schmoren lassen. Die Rouladen sollen eine leichte Bräunung aufweisen.
4. Rouladen herausnehmen und warm halten. Die Flüssigkeit mit dem Gemüse im Mixer pürieren. Sahne, Salz, Pfeffer und die frischen Majoranblättchen mitmixen. Die Sauce über die Rouladen gießen.
Dazu paßt Kartoffelbrei, aber auch gedämpfte Kartoffeln mit Kümmel und Petersilie schmecken ausgezeichnet zu Kohlrouladen, die in Österreich und Bayern Krautwickel heißen.

So war's früher

Zum Hackfleisch kam früher ein Ei, doch das läßt die Eiweißbilanz unnötig emporschnellen. Auch verwendete man bevorzugt gehacktes Schweinefleisch.

So ist's heute

Kohlrouladen können auch mit einer Tofufüllung, mit Pilzfüllung (beide mit gekochter Hirse) oder mit einer Füllung aus Vollkornbrötchen zubereitet werden.

Tip von Ingrid Biedenkopf

Auch eine Tomatensauce mit frischem Basilikum oder mit Majoran paßt gut zu Kohlrouladen. Wer gern Kümmel ißt, sollte ihn klein gehackt an die Füllung geben, das schmeckt gut und ist eine Stoffwechselhilfe. Die Kohlrouladen sind auch mit Kalbfleischhack ausgezeichnet.

Serviettenknödel (Foto)

Serviettenknödel stammen ursprünglich aus Böhmen, sind aber inzwischen auch in Deutschland und Österreich verbreitet.

Für 4 Personen

500 g Knödelbrot oder in kleine Würfel geschnittene Brötchen
1/2 l Milch
5 Eier
80 g Butter
2 TL Meersalz
2 EL feingehackte Petersilie
Salz
etwas Butter für die Serviette

1. Das Knödelbrot in eine große Schüssel geben und mit der Milch übergießen. Die Eier trennen. Butter, Eigelbe und Salz zu einer cremigen Masse verrühren.
Die Petersilie dazugeben und alles zum Knödelbrot geben. Den Teig gut durchmischen und etwa 15 Minuten stehenlassen.
2. Inzwischen in einem großen Topf Salzwasser zum Kochen bringen. Am besten eignet sich eine ovale Kasserolle, in der auch Forellen gekocht werden, mit Einsatz und Deckel. Die Serviette bzw. das Küchentuch sollte nicht zu groß sein. Die Serviette naß machen und auswringen, mit zerlassener Butter bestreichen.
3. Die Eiweiße mit einer Prise Salz steifschlagen und unter die Brötchenmasse heben. Den Teig zu einer Rolle von etwa 5–8 cm Durchmesser formen und in die Mitte der Serviette geben. Die Serviette von beiden Seiten locker eindrehen (der Knödelteig geht beim Kochen auf) und mit Küchengarn festbinden.
4. Den Serviettenknödel in das kochende Salzwasser legen (der Knödel muß mit Wasser bedeckt sein), den Deckel auflegen und den Knödel ca. 40 Minuten mehr ziehen als kochen lassen. Den fertigen Knödel herausheben, etwa 5 Minuten ruhenlassen, auswickeln und mit einem dünnen scharfen Messer in 3 cm dicke Scheiben schneiden. Nach Wunsch mit Butter bepinseln und mit Petersilie bestreuen.

So war's früher

Serviettenknödel wurden als klassische Beilage gern zu Wild, Geflügel oder anderen Fleischgerichten gereicht.

So ist's heute

Ein Serviettenknödel kann durchaus zum Hauptgericht werden. Man ißt ihn zum Beispiel mit Pilzsauce oder mit Gemüseragout, kann ihn aber auch kalt aufschneiden, braten und ein Ei darüberschlagen.

Tip von Ingrid Biedenkopf

Man kann den Serviettenknödel auch aus Vollkornbrötchen zubereiten. Dazu schmeckt eine Sauce aus Joghurt und Sahne, die mit Kräutersalz und Petersilie abgerundet wird.

Grüne Klöße

SO WAR'S FRÜHER

Vielfach verwendete man Schmalz, Grieben oder gehacktes Schweinefleisch als Füllung. Das machte das Gericht schwer verdaulich.

SO IST'S HEUTE

Hier werden die Knödel ohne Ei gemacht. Kartoffeln sind basisch und, auf diese Art zubereitet, sehr bekömmlich.

TIP VON INGRID BIEDENKOPF

Die gebratenen Kartoffelkloßscheiben schmecken auch hervorragend mit Apfelmus. Ein Gericht, das Kinder besonders gern mögen!

WENN MAN VON GRÜNEN KLÖSSEN SPRICHT, SO BEDEUTET DAS NICHTS ANDERES, ALS DASS DIE KLÖSSE NICHT NUR AUS GEKOCHTEN, SONDERN AUCH AUS ROHEN KARTOFFELN BEREITET WERDEN.

FÜR 4 PERSONEN

600 g mehligkochende Kartoffeln
500 g mehlige Pellkartoffeln, gekocht und erkaltet
Meersalz, Muskat
100 g Mais- oder Kartoffelstärke
140 g Dinkelvollkornmehl
1 Brötchen vom Vortag
20 g Butter
2 EL feingehackter Kerbel

1. Für den Kartoffelteig die Kartoffeln waschen, schälen und auf einer feinen Reibe (oder mit der Reibe der Küchenmaschine) in eine Schüssel reiben. Danach die Kartoffelmasse in einem Tuch gut auspressen.
2. Die gekochten, geschälten Kartoffeln ebenfalls fein reiben. Die rohe und die gekochte Kartoffelmasse mit Salz und Muskat würzen, mit Mais- oder Kartoffelstärke vermischen und zu einem glatten, weichen Teig verkneten. Wenn der Teig zu weich ist, Dinkelmehl oder Grieß hineinarbeiten.
3. Für die Füllung das Brötchen in kleine Würfel schneiden und diese in heißer Butter goldgelb rösten. Die Würfel mit feingehacktem Kerbel mischen und mit Salz und Muskat würzen.
4. Aus dem Kartoffelteig mit nassen Händen Klöße in der gewünschten Größe drehen und in die Mitte jeweils etwas von der Brötchenfüllung geben. Die Klöße schließen und vorsichtig mit einem Schaumlöffel in reichlich kochendes Salzwasser einlegen. Im offenen Topf 15–20 Minuten ziehen lassen; das Wasser darf auf keinen Fall sprudelnd kochen.
5. Die fertigen Kartoffelklöße mit dem Schaumlöffel herausheben, gut abtropfen lassen und in eine vorgewärmte Schüssel geben. Mit Kerbel oder Schnittlauchröllchen bestreuen.

Kartoffelklöße mit Spinat

FÜR 4 PERSONEN

400 g mehligkochende Kartoffeln
200 g Blattspinat
1/2 Zwiebel, geschält
30 g Butter
Meersalz, Pfeffer aus der Mühle, Muskat
30 g feingeriebener Hartkäse
1 Ei, 20 g Dinkelgrieß,
30 g Dinkel, fein gemahlen
Butter zum Bestreichen
1 EL feingehackte Petersilie

1. Die Kartoffeln bis auf eine mit der Schale über Dampf garen, erkalten lassen und pellen. Grob reiben oder durch die Kartoffelpresse drücken. Die rohe Kartoffel schälen, sehr fein reiben und untermischen.
2. Blattspinat putzen, waschen und grob schneiden. Zwiebel fein hacken und in heißer Butter goldgelb anbraten. Spinat dazugeben und mit Salz, Pfeffer und Muskat würzig abschmecken. Mit dem Käse unter die Kartoffelmasse mischen.
3. Das Ei, Dinkelgrieß und das Dinkelmehl dazugeben, die Masse nochmals nachwürzen und etwa 10 Minuten stehenlassen. Danach mit bemehlten Händen 4 Knödel rollen und in kochendes Salzwasser einlegen. 15 Minuten mehr ziehen als kochen lassen. Herausnehmen, mit Butter bestreichen und mit gehackter Petersilie bestreuen.

TIP VON INGRID BIEDENKOPF

Diese Knödel mit einer Basensauce (Rezept S. 99) sind eines meiner Leibgerichte. Sie schmecken auch mit wenig geraffeltem Schafkäse überbacken gut.

KÜCHEN-TIP

Für eine Variante der Kartoffelklöße, nämlich „Spinatknödel mit Schinken", braucht man statt der rohen Kartoffel 100 g Paniermehl (Semmelbrösel) und statt der Zwiebel eine Knoblauchzehe. Die fertigen Spinatknödel werden dann mit 150 g in Streifen geschnittenem und kurz in Butter geschwenktem Rinderschinken angerichtet und mit Parmesankäse bestreut. In den Knödelteig kommt dann aber kein Käse.

Kartoffelnockerln

BEIM KARTOFFELTEIG SIND SORTE UND GESCHMACK DER KARTOFFELN ENTSCHEIDEND. VERWENDEN SIE NUR MEHLIGKOCHENDE, ALSO STÄRKEREICHE KARTOFFELSORTEN, UND GAREN SIE DIE KARTOFFELN MÖGLICHST IN DER SCHALE, AM BESTEN IM SIEBEINSATZ ÜBER DAMPF.

FÜR 4 PERSONEN

500 g mehligkochende Kartoffeln
1 kleine Zwiebel
20 g Butter
1 TL feingeschnittene Minze oder Oregano
1 Ei
Meersalz, Muskat, Pfeffer
2 gehäufte EL Dinkelvollkorn- oder Weizenmehl
1 gehäufter EL Dinkel- oder Weizengrieß

1. Die Kartoffeln waschen, mit der Schale im Siebeinsatz weich dämpfen und dann abkühlen lassen, pellen und durch die Kartoffelpresse drücken.
2. Zwiebel schälen, fein hacken und in heißer Butter anschwitzen, Minze zugeben, beides gut durchmischen und zu den Kartoffeln geben. Das Ei, Salz, Muskat, Pfeffer, das Dinkelmehl und den Grieß einarbeiten. Den Teig kurze Zeit kühl stellen.
3. Mit zwei nassen Eßlöffeln aus der Masse Nockerln formen und diese in kochendes Salzwasser einlegen. Einige Minuten ziehen lassen und herausheben.
Entweder gleich verwenden oder die Nockerln abkühlen lassen und über Dampf wieder warm machen.

TIP VON INGRID BIEDENKOPF

Mit einer Basensauce (Rezept S. 99) sind auch diese Nockerln ein leichtes Gericht für den Abend.

Kartoffelroulade

So war's früher

Die Roulade wurde zu Bauernschmaus, Rinder- und Schweinebraten serviert. In die Füllung kamen Speck oder Grieben.

So ist's heute

In den Kartoffelteig kommen Rinderschinken statt Speck und Wildpilze oder Champignons.

Tip von Ingrid Biedenkopf

Statt Rinderschinken kann man auch kleine Würfel von geräuchertem Huhn verwenden.

Küchen-Tip

Die Kartoffelscheiben schmecken auch am nächsten Tag noch gut, wenn sie kurz angebraten und im Ofen mit wenig geraffeltem Schafkäse überbacken werden.

Für 4–6 Personen

1 kg mehligkochende Kartoffeln
100 g Zwiebeln, geschält
3 Knochlauchzehen, geschält
40 g Butter
100 g Rinderschinken
250 g frische Steinpilze oder Champignons, geputzt
2 EL feingehackte Petersilie
1 EL Majoranblättchen
3 Eigelb
200 g Dinkelvollkornmehl
Meersalz, Muskat

1. Die Kartoffeln in der Schale weich dämpfen, pellen und grob reiben.
2. Zwiebeln fein hacken, Knoblauch zerdrücken und beides in der Hälfte der erhitzten Butter anschwitzen. Den feingewürfelten Rinderschinken untermischen und zu den Kartoffeln geben. Die Pilze in Scheiben schneiden und in derselben Pfanne mit der restlichen Butter kurz anbraten und zu den Kartoffeln geben. Petersilie, Majoranblätter, Eigelbe, Dinkelmehl, Salz und Muskat zugeben, alles rasch zu einem Teig kneten und eine Rolle von etwa 50 cm Durchmesser formen.
3. Die Kartoffelroulade in eine kochfeste Klarsichtfolie wickeln. Anschließend in ein feuchtes Küchentuch drehen, an den Enden zusammenbinden und in Salzwasser 45 Minuten bei schwacher Hitze kochen lassen. Die Kartoffelroulade herausnehmen und einige Zeit ruhenlassen. Auspacken und in fingerdicke Scheiben schneiden.
Man kann den Kartoffelteig auch zu einer Teigplatte ausrollen und mit einer Füllung belegen.

Basensauce für Vollwert-Getreidegerichte

100 g Sellerieknolle, geschält
10 g Butter
10 g Porree, fein geschnitten
1/4 l Gemüsebrühe
Meersalz, Muskat
2 EL Sahne oder saure Sahne
1 TL frische, gehackte Kräuter (je nach Rezept)

1. Sellerieknolle würfelig schneiden. Butter in einer kleinen Kasserolle erhitzen und den Porree darin anbraten. Selleriewürfel zugeben und mitbraten. Gemüsebrühe angießen. Zugedeckt 10 Minuten köcheln lassen.
2. Die Gemüse mit Salz und Muskat würzen und mit der Sahne und der Hälfte der Kräuter im Mixer pürieren. Die Kräuter unterheben.

Hausgemachte Nudeln

Für 4 Personen

350 g Dinkelvollkornmehl
4 EL Wasser
3 Eier
Salz
30 g Butter

Alternative ohne Eier:
320 g Dinkelvollmehl, möglichst selbst gemahlen
1 TL Meersalz
1 EL kaltgepreßtes Pflanzenöl
150 ml Mineralwasser mit Kohlensäure

1. Mehl, Wasser und eventuell Eier zu einem glatten Teig verarbeiten und diesen 1/2 bis 1 Stunde ruhenlassen. Auf einer bemehlten Arbeitsfläche 70 x 60 cm ausrollen und kurz trocknen lassen. Dann in 12 cm breite Streifen und diese wieder in 1 cm breite Nudeln schneiden. Auf einem bemehlten Tuch an einem trockenen Platz 12 Stunden trocknen lassen. Beim Alternativrezept verarbeitet man den Teig leichter mit einer Nudelmaschine zu der gewünschten Nudelform.
2. In Salzwasser nicht zu weich kochen, auf ein Sieb gießen, kalt überbrausen und abtropfen lassen. In Butter schwenken und salzen. Mit einem Ragout aus Tomaten oder Champignons auf den Tisch bringen. Geriebenen Käse darüberstreuen.

So war's früher

Aus dem gleichen Teig, nur mit Weißmehl, wurden auch Suppennudeln, Lasagne-Teigblätter oder Ravioli gemacht.

So ist's heute

Statt Weißmehl nimmt man feinstes Vollkornmehl aus Dinkel oder Weizen. Gibt man statt Wasser passierten Spinat an den Teig, erhält man grüne, durch Zugabe von passierten Tomaten rote Nudeln.

Tip von Ingrid Biedenkopf

Zum Warmhalten die Nudeln mit etwas Basen- oder Gemüsebrühe angießen und zudecken. So bleiben sie feucht und werden nicht hart.

Hausgemachte Spätzle

Für 4 Personen

400 ml Wasser
3 Eier
Meersalz
Muskat
300 g Dinkelvollkornmehl
40 g Butter

1. Das Wasser mit den Eiern, Salz und Muskat verrühren, das Mehl so einrühren, daß noch etwas Mehl sichtbar bleibt. Anschließend den Teig durch ein Spätzlesieb in kochendes Salzwasser drücken und die Spätzle einmal aufkochen lassen. Herausnehmen und mit kaltem Wasser abschrecken. Abtropfen lassen.
2. Die Spätzle in zerlassener Butter schwenken und mit Salz und wenig Muskat würzen. Für Spinatspätzle etwas weniger Wasser verwenden und dafür 100 g passierten Spinat zum Teig geben.

Küchen-Tip

Geben Sie die Spätzle auf ein gebuttertes Blech und lagenweise geriebenen Bergkäse und geröstete Zwiebelringe darüber. Die Spätzle kurz überbacken. Dazu passen Krautsalat oder Salate der Saison.

Salzburger Nockerln (Foto)

KÜCHEN-TIP

In die duftige Masse können auch leichte, frische Beeren (Himbeeren oder Heidelbeeren) gemischt werden. Preiselbeeren passen in Form von Kompott zu Salzburger Nockerln.

FÜR 4 PORTIONEN

7 Eiweiß
etwas Meersalz
2 EL Vollrohrzucker
4 Eigelb
2 EL Dinkelvollkornmehl
etwas Zitronenschale
Naturvanille
10 g Butter für die Form
3 EL Sahne
feiner Vollrohrzucker zum Bestreuen

1. Die Eiweiße mit Salz halb steif und mit Vollrohrzucker zu festem Schnee schlagen. Eigelbe, Mehl, Zitronenschale und Naturvanille vorsichtig darunterheben.
2. Eine feuerfeste Form mit Butter ausstreichen, die Sahne hineingießen. Aus der Masse mit der Teigkarte 4 Nockerln abstechen und in die Form geben. Die Nockerln im vorgeheizten Backofen bei 180 °C ca. 10 Minuten backen. Sie müssen innen noch etwas cremig und weich sein. Mit feinem Vollrohrzucker bestreuen und sofort servieren.

Palatschinken

SO WAR'S FRÜHER

Früher hat man für solche Süßspeisen immer Weißmehl und Puderzucker verwendet.

SO IST'S HEUTE

Es ist wichtig, Vollkornmehl statt Weißmehl und Vollrohrzucker oder Honig statt Industriezucker zu verwenden. Außerdem sollte man Süßspeisen nur in kleinen Portionen genießen.

FÜR 4 PERSONEN

1/4 l Milch
je 1 Prise Naturvanille und Meersalz
125 g Dinkel- oder Weizenvollkornmehl
2 Eier
2 Eigelb
30 g Butterschmalz
Aprikosenmarmelade

1. Die Milch mit Naturvanille und Salz würzen und mit dem sehr feinen Mehl glattrühren. Zum Schluß mit den Eiern und Eigelben aufschlagen.
2. Etwas Butterschmalz in die Pfanne geben, heiß werden lassen und nacheinander dünne Pfannkuchen/Palatschinken auf beiden Seiten backen. Diese mit Marmelade dünn bestreichen und einrollen oder zusammenschlagen.

Gebackene Hollersträubel

So war's früher

Zur Holunderzeit gab es kaum einen Haushalt, in dem nicht in Teig gebackene Holunderblüten auf den Tisch kamen. Dazu gab es häufig Apfelmus.

So ist's heute

Da Holundersträucher meist an vielbefahrenen Straßen wachsen, muß man sich auf die Suche nach 'sauberen' Blütendolden machen.

Küchen-Tip

Ob Preiselbeeren oder Aprikosen (am besten in Form von Mark) – zu diesem seltenen Gericht passen vielerlei Früchte, aber auch saure Sahne.

In Teig getauchte und in Fett knusprig gebackene Holunderblütendolden schätzt man nicht nur in Thüringen, sondern auch in anderen Regionen; in Österreich heissen sie Hollerschöberln.

Für 4 Personen

200 g Dinkel- oder Weizenvollkornmehl
Salz
3 Eigelb
1/4 l Milch
1/8 l Sahne
3 Eiweiß
etwas Naturvanille
12 Holunderblütendolden
Zitronensaft
100 g Butterschmalz
50 g feiner Vollrohrzucker zum Bestreuen
1/2 TL Zimt

1. Dinkelmehl (bis auf 2 Eßlöffel) in eine Schüssel geben. In die Mitte eine Mulde drücken. Salz, Eigelbe, Milch und Sahne in einer Schüssel verquirlen. Die Mischung mit dem Schneebesen nach und nach von der Mitte aus in das Mehl rühren. Teig 1/2 Stunde ruhenlassen.
2. Eiweiße, Salz und Naturvanille steifschlagen und unter den Teig heben. Holunderblütendolden unter kaltem Wasser abspülen. Mit Küchenkrepp trockentupfen. Mit Salz und Zitronensaft würzen und in das restliche Vollkornmehl tauchen.
3. Butterschmalz in einer großen Pfanne erhitzen. Die Dolden in den Teig tauchen und je nach Größe der Pfanne jeweils 2–4 Küchel im heißen Butterschmalz (Stielende nach oben) goldgelb backen. Auf Tellern anrichten.
4. Zucker mit Zimt mischen und die Holunderblüten-Küchel damit bestreuen. Heiß servieren.
Dazu schmecken Preiselbeerkompott, Himbeeren oder Erdbeeren, aber auch gemischtes Obst.

Hefeklöße mit Birnen

Für 4 Personen

500 g Dinkelvollkornmehl
1 Päckchen Hefe
40 g Butter
2 Eier
40 g Vollrohrzucker oder Honig
1/8 l Milch
Meersalz
8 gedämpfte Birnenspalten oder
8 TL Pflaumenmus (Powidl)

1. Mehl in eine Rührschüssel geben. Hefe hineinbröckeln. Die Butter, die Eier und den Zucker oder Honig in der erwärmten Milch zerlassen und zugeben. Salzen und einen Hefeteig kneten.
2. Den Hefeteig zugedeckt an einem warmen Ort 1/2 Stunde gehen lassen. Danach den Teig auf einer bemehlten Arbeitsfläche zu einer Rolle formen und 8 gleich große Teile abstechen.
3. Den flachgedrückten Teig mit einer Birnenspalte belegen und mit bemehlten Händen zu einem runden Kloß formen. Die Klöße nochmals kurz gehen lassen (10 Minuten), dann in kochendes Salzwasser einlegen und ca. 15 Minuten mehr ziehen als kochen lassen. Mit einem Schaumlöffel herausnehmen und gut abtropfen lassen.

So war's früher

Hefeklöße wurden mit Weißmehlteig gemacht und nach dem Kochen in Bröseln gewälzt.

So ist's heute

Hefeklöße werden gern im Wasserdampf gegart und warm gehalten. Wir bereiten sie heute mit Vollkornmehl.

Apfel-Ringtaler

Für 4 Personen

2 säuerliche Äpfel
125 g Dinkel- oder Weizenvollkornmehl
1 Ei, getrennt
60 g Vollrohrzucker oder Honig
Meersalz
1 TL Öl
2 EL Butterschmalz zum Fritieren
feiner Vollrohrzucker und Zimt zum Bestreuen

1. Äpfel schälen, Kerngehäuse ausstechen. Äpfel in 1/2 cm dicke Ringe schneiden. Aus Dinkelmehl, Eigelb, Zucker, Salz und Öl einen Teig rühren. Eiweiß steifschlagen und unterheben.
2. Butterschmalz in einer Pfanne erhitzen. Apfelringe in den Teig tauchen, ins heiße Fett geben und darin knapp 5 Minuten bei mittlerer Hitze backen. Nach der halben Backzeit umdrehen. Auf Küchenpapier legen und mit Zucker und Zimt bestreuen. Darauf achten, daß nicht zuviele Apfelringe gleichzeitig in der Pfanne sind, damit alle knusprig goldgelb gebacken werden.

Küchen-Tip

Wichtig ist, daß die Apfelringe nicht zuviel Fett aufsaugen. Das Butterschmalz muß sehr heiß sein. Nach dem Herausnehmen läßt man sie auf Küchenpapier abtropfen.

Kaiserschmarren (Foto)

FÜR 4 PERSONEN

1/4 l Milch
1/8 l Sahne
6 Eigelb
Meersalz
120 g Vollrohrzucker
etwas Naturvanille
250 g Dinkelvollkornmehl
4 Eiweiß
50 g Butter
50 g Rosinen, gewaschen und abgetrocknet
feiner Vollrohrzucker zum Bestreuen (nach Geschmack)
8 EL Pflaumenmus

1. Milch, Sahne, Eigelbe, Salz, 2 Eßlöffel Zucker, Vanille und Mehl zu einem Pfannkuchenteig rühren. Die Eiweiße mit dem restlichen Zucker zu Schnee schlagen und unterheben.
2. Butter in zwei großen Pfannen zerlaufen lassen. Einige Rosinen in die Pfannen geben und mit der Teigmasse auffüllen, restliche Rosinen daraufgeben. Das Ganze kurz auf der Herdplatte anbraten und dann im Backofen bei 200 °C etwa 15–20 Minuten backen.
3. Den Kaiserschmarren aus dem Backofen nehmen, mit zwei Löffeln in der Pfanne zerkleinern (nicht schneiden) und mit Zucker bestreuen. Nun in einer Pfanne auf der Herdplatte schwenken, bis der Zucker leicht karamelisiert. Mit Pflaumenmus servieren.

KÜCHEN-TIP

Wichtig ist, daß der Schmarren im richtigen Augenblick aus dem Ofen kommt und weder zu dick noch zu dünn gebacken wird. Auch mit Honig gesüßtes, frisches Apfelkompott oder Apfelmus schmeckt gut zum Kaiserschmarren.

Quarkkeulchen

FÜR 4 PERSONEN

600 g Kartoffeln, in der Schale gekocht
250 g Speisequark
2 Eier
150 g Dinkel- oder Weizenvollkornmehl
70 g Vollrohrzucker
Meersalz, 1 TL Zimt
70 g Sultaninen, gewaschen
abgeriebene Schale von 1 Zitrone
80 g Butterschmalz
Zimtzucker zum Bestreuen

1. Kartoffeln pellen und durch die Kartoffelpresse drücken oder fein reiben. In eine Schüssel geben. Kartoffeln mit Quark, Eiern, Mehl, Zucker, Salz, Zimt, abgetropften und bemehlten Sultaninen und Zitronenschale mischen. Alles gut durchkneten.
2. Den Teig zu einer etwa 5 cm dicken Rolle formen, mit einer Teigkarte etwa 2 cm dicke Scheiben abstechen und zu Ovalen formen.
3. Butterschmalz in einer großen Pfanne erhitzen und die Keulchen darin nacheinander bei schwacher Hitze auf beiden Seiten goldbraun braten. Im Backofen warm halten, bis alle Keulchen fertig sind. Die Keulchen mit Zimtzucker bestreuen.

SO WAR'S FRÜHER

Nach einer Suppe wurden die Keulchen oder Keilchen als Hauptmahlzeit serviert. In Sachsen aß man sie (übrigens noch ohne Eier und Sultaninen) mit Zimt und Zucker bestreut.

SO IST'S HEUTE

Quarkkeulchen werden zu einem vollwertigen Gericht, wenn man sie mit Vollkornmehl bereitet und Backobst unter den Teig mischt.

Topfenstrudel

KÜCHEN-TIP

Warm schmeckt Topfenstrudel am besten. Wichtig ist, daß der Quark trocken genug ist, damit die Füllung nicht zu weich wird. Notfalls muß er in einem Tuch gut ausgedrückt werden.

FÜR 12 PORTIONEN

450 g Dinkelvollkornmehl
1 Ei
2 EL Öl
Meersalz
1 TL Apfelessig (2 %)
200 ml lauwarmes Wasser
Öl zum Bestreichen

Für die Füllung:
250 g Butter
220 g Vollrohrzucker
etwas abgeriebene Zitronenschale
Naturvanille
5 Eier, getrennt
750 g trockener Magerquark (Bröseltopfen)
200 g entrindete Weißbrotwürfel
Meersalz
25 g Speisestärke
125 g Rosinen, gewaschen, abgetrocknet
Butter zum Bestreichen

1. Aus Mehl, Ei, Öl, Salz und Essigwasser einen Strudelteig kneten. Mit Öl bestreichen, mit Zellophan abdecken und 1/2 Stunde ruhenlassen.
2. Für die Füllung die Butter mit Zucker, Zitronenschale und Vanille schaumig rühren und die Eigelbe einzeln einrühren. Die Masse mit dem Quark, den Weißbrotwürfeln, Salz und Stärke vermengen. Die Eiweiße steifschlagen und zusammen mit den Rosinen unterheben bzw. einarbeiten.
3. Anschließend auf einem bemehlten Tuch den Teig ausziehen, die Teigränder wegschneiden und ein Drittel der Teigfläche mit der Füllung bestreichen. Einrollen und in eine Pfanne oder auf ein tiefes Blech setzen. Mit geschmolzener Butter bestreichen, im vorgeheizten Backofen 35 Minuten bei 180 °C backen.
4. Den fertig gebackenen Topfenstrudel aus dem Ofen nehmen, kurz stehenlassen und in Stücke schneiden.

SO WAR'S FRUHER

Quarkknödel kamen oft als süße Hauptspeise auf den Tisch. Dazu gab es Kompott.

SO IST'S HEUTE

Wer die Butterbrösel gern süß mag, sollte etwas Vollrohrzucker dazugeben. Man kann Quarkknödel auch mit Aprikosenhälften oder Brombeeren füllen.

Quarkknödel

FÜR 4 PERSONEN

250 g Quark (Topfen)
20 g Butter
2 Eigelb
Salz
3 EL Sahne
3 EL Milch
80 g entrindete Brötchen vom Vortag
1 EL Honig
20 g Dinkel- oder Weizengrieß
100 g Semmelbrösel (Paniermehl)
80 g Butter
250 g Pflaumenmus

1. Den Quark passieren und mit Butter, Eigelben, Salz, Sahne und Milch gut vermischen. Zum Schluß die kleingeschnittenen Brötchen, Honig und den Grieß untermischen. Die Masse im Kühlschrank 1/2 Stunde stehenlassen.
2. Wasser zum Kochen bringen, Probeknödel kochen. Wenn nötig, noch etwas Grieß dazugeben. Knödel formen und in Salzwasser ca. 15 Minuten bei schwacher Hitze kochen.
3. Semmelbrösel auf einem Kuchenblech im Backofen goldgelb rösten und mit der Butter vermischen. Die Knödel mit einem Schaumlöffel vorsichtig aus dem Wasser nehmen, in Butterbröseln wälzen und mit Pflaumenmus servieren.

Wiener Apfelstrudel

Für 1 Blech Apfelstrudel

250 g Dinkelvollkornmehl
1 Eigelb
Meersalz
2 EL Öl
1/8 l Wasser
Öl zum Bestreichen

Für die Füllung:
250 g Semmelbrösel (Paniermehl)
200 g Butter
2 kg Äpfel
250 g Vollrohrzucker
30 g Zimt
150 g Rosinen, gewaschen, abgetrocknet
200 g Walnüsse
Öl und Mehl für das Backblech
50 g Butter zum Bestreichen

1. Dinkelmehl, Eigelb, Salz, Öl und Wasser zu einem glatten Teig verarbeiten und auf eine bemehlte Fläche legen. Mit Öl bestreichen und 20–30 Minuten zugedeckt ruhenlassen.
2. Für die Füllung Semmelbrösel in 100 g Butter goldgelb rösten. Die Äpfel schälen, vom Kerngehäuse befreien und feinblättrig schneiden. Den Vollrohrzucker mit Zimt vermischen.
3. Den Teig halbieren und beide Hälften so dünn wie möglich ausrollen, mit der restlichen geschmolzenen Butter bestreichen, mit Semmelbröseln bestreuen und darauf die Äpfel verteilen. Anschließend die Zucker-Zimt-Mischung, die Rosinen und die Walnüsse darüberstreuen.
4. Die beiden Strudel einrollen, auf ein mit Öl bestrichenes und bemehltes Blech legen und mit etwas Butter bestreichen. Im vorgeheizten Backofen bei 180 °C 30–40 Minuten backen.
5. Aus dem Backofen nehmen und nochmals mit flüssiger Butter bestreichen. In Portionsstücke schneiden.

So war's früher

Da man einen Strudelteig aus Vollkornmehl nicht gut ausziehen konnte, wurde und wird beim klassischen Rezept Weißmehl verwendet.

So ist's heute

Das Dinkelvollkornmehl muß sehr fein gemahlen sein, da sich sonst der Teig nicht gut ziehen läßt. Man kann auch das Mehl vor Verwendung fein sieben und die Kleie in der Füllung mitverwenden.

Küchen-Tip

Dazu paßt auch gut eine Vanillesauce. Gern wird der Apfelstrudel warm serviert. Typisch für den Wiener Apfelstrudel sind die eingestreuten Nüsse.

Tip von Ingrid Biedenkopf

Wenn die Nüsse grob gehackt werden, geben sie mehr Geschmack. Man kann auch gehackte Haselnüsse verwenden.

Dresdner Eierschecke (Foto)

So war's früher

Eierschecke war ein beliebtes Kaffegebäck, für das man ausschließlich Weißmehl und Zucker verwendete.

So ist's heute

Um mehr Vollwertanteil in die Eierschecke zu bekommen, ist es wichtig, Vollkornmehl statt Weißmehl und Vollrohrzucker statt raffiniertem Zucker zu nehmen.

Die Eierschecke, ein Traditionsrezept aus sächsischen Backstuben, ist der Lieblingskuchen im Hause Biedenkopf.

Für 15–20 Portionen

250 g Dinkelvollkornmehl
1/2 Päckchen Hefe
1/8 l lauwarme Milch
60 g Butter zum Einfetten
1 Ei
Meersalz
40 g Vollrohrzucker

Für den Belag:
40 g Butter
70 g geschälte, gehackte Mandeln
100 g Rosinen

Für den Guß:
1/2 l Milch
50 g Butter
60 g Dinkelvollkornmehl
3 Eier, getrennt
50 g Honig
etwas Naturvanille
Salz

1. Dinkelmehl in eine Schüssel geben. Hefe hineinbröckeln. Lauwarme Milch und 50 g zerlassene Butter dazugeben. Ei, 1 Prise Salz und Zucker zugeben, verrühren und den Teig gut durchkneten. Etwa 1/2 Stunde gehen lassen.

2. Backblech oder Springform mit der restlichen Butter einfetten. Hefeteig so ausrollen, daß er aufs Blech oder in die Springform (Rand hochdrücken) paßt. So lange gehen lassen, bis sich der Teig verdoppelt hat.

3. Butter für den Belag zerlassen, den Teig damit bestreichen. Gehackte Mandeln und gewaschene, abgetrocknete Rosinen darauf streuen.

4. Für den Guß 3/8 l Milch und Butter zum Kochen bringen. 1/8 l kalte Milch zurücklassen, Mehl damit glattrühren und in die heiße Buttermilch einrühren. Unter Rühren mit dem Schneebesen noch einmal aufkochen und abkühlen lassen. Eigelbe, Honig und Naturvanille zusammen schaumig schlagen und zur Milchcreme geben. Dabei kräftig rühren. Eiweiße mit einer Prise Salz steifschlagen, unter die Masse heben und diese auf den Kuchen streichen.

5. Das Blech oder die Springform in den vorgeheizten Ofen schieben und die Eierschecke 25 Minuten bei 180 °C backen. Noch warm in Stücke schneiden.

Häufig wird für die Eierschecke auch ein Mürbteig aus 200 g Dinkelmehl, 1/2 Päckchen Backpulver, je 100 g Vollrohrzucker und Butter und 1 Ei verwendet. Darauf kann man eine Quarkmasse (Mischung aus 500 g Quark, 1 Ei, 120 g Honig, 50 g Rosinen, Naturvanille und abgeriebener Zitronenschale) streichen. Der Guß kommt zum Schluß auf die Quarkmasse. Dazu wird 1/4 l Mandelpudding mit 3 Eigelben, 100 g Butter und 100 g Honig verfeinert.

Leipziger Lerchen

So war's früher

Natürlich wurde Feinbäckerei einstmals mit weißem Mehl gebacken und man verwendete raffinierten Zucker für Mürbteig und Füllung.

So ist's heute

Inzwischen verwenden wir auch beim Backen traditioneller Backwaren möglichst vollwertige Produkte.

Küchen-Tip

Marmeladen mit verschiedenen Früchten sowie geröstete Nüsse statt Mandeln können für Abwechslung sorgen.

Woher der Name für die feinen Mandeltörtchen stammt, ist nicht bekannt; möglicherweise geht er auf einen Leipziger Bäcker zurück, der sie erstmals gebacken hat.

Für 12 runde Förmchen

250 g Dinkel- oder Weizenvollkornmehl
1 Ei
1 Prise Meersalz
1 TL Cognac
50 g Vollrohrzucker oder Honig
120 g Butter
Butter für die Förmchen

Für die Füllung:
250 g Aprikosenkonfitüre
120 g Butter
150 g feiner Vollrohrzucker
1 Eigelb
100 g geriebene Mandeln
1 TL Bittermandelöl
75 g Dinkelvollkornmehl
25 g Speisestärke
4 Eiweiß

1. Für den Teig das Mehl auf die Arbeitsplatte oder das Backbrett geben. In die Mitte eine Mulde drücken. Ei, Salz und Cognac hineingeben. Zucker darüberstreuen. Butter in Flöckchen darauf verteilen. Von außen nach innen schnell zu einem glatten Teig kneten und für 1/2 Stunde zugedeckt in den Kühlschrank stellen.
2. Für die Füllung Aprikosenkonfitüre durch ein Sieb in eine Schüssel streichen.
3. In einer anderen Schüssel die Butter schaumig schlagen. Nach und nach feinen Zucker und Eigelb unterrühren. Mandeln, Bittermandelöl, Mehl und Speisestärke dazugeben. Eiweiße steifschlagen und locker unter die Masse heben.
4. 12 runde Förmchen mit einem Durchmesser von 8 cm gut mit Butter einfetten. Teig etwa 1/2 cm dick ausrollen, Förmchen damit auskleiden und den Boden mit einer Gabel einige Male einstechen. Aprikosenkonfitüre darauf verteilen. Füllung daraufgeben.
5. Förmchen in den vorgeheizten Ofen auf die mittlere Schiene stellen und die Törtchen 25 Minuten bei 200 °C backen. Herausnehmen und auf ein Kuchengitter stürzen. Wieder umdrehen, so daß die Füllung oben ist. Die Lerchen abkühlen lassen.

Thüringer Apfelkuchen

FÜR 1 APFELKUCHEN, 16 STÜCKE

120 g Butter, 40 g Honig
Salz, 1 Ei
250 g Dinkelvollkornmehl
Fett für die Form
Kuchenkrümel zum Bestreuen

Für den Belag:
1 kg säuerliche Äpfel, 2 Eigelb
100 g Vollrohrzucker
1/8 l saure Sahne

1. Butter mit Honig, Salz und Ei in einer Schüssel schaumig rühren. Mehl darüberstreuen und einkneten. Teig zugedeckt 1/2 Stunde in den Kühlschrank stellen, dann rund ausrollen. Boden und Rand einer eingefetteten Springform von 26 cm Durchmesser damit auskleiden. Teigboden mit Kuchenkrümeln bestreuen.
2. Äpfel schälen, vierteln, entkernen und in Schnitze schneiden. Schuppenförmig auf dem Teig verteilen.
3. Form in den vorgeheizten Ofen schieben und den Apfelkuchen bei 200 °C etwa 40 Minuten backen. In der Zwischenzeit Eigelbe mit Zucker und Sahne schaumig rühren. Nach 25 Minuten Backzeit die Masse über den Kuchen gießen.

So war's früher

Statt Butter wurde oft Margarine genommen. Die Butter war zu teuer. Natürlich ist der Teig viel besser, wenn er mit Butter gemacht wird.

So ist's heute

Selbst Vollkornmuffel gewöhnen sich allmählich daran, zur Hälfte Weißmehl und zur Hälfte Vollkornmehl zum Backen zu verwenden.

Heidelbeerkuchen

FÜR 20 STÜCKE

500 g Dinkel- oder Weizenvollkornmehl
1 Päckchen Hefe, 200 g Butter
50 g Honig, 1/4 l Milch
1/2 TL Zimt
Butter zum Fetten des Backblechs

Für den Belag:
150 g Butter
5 EL Kuchenkrümel oder auch Semmelbrösel
1 kg gewaschene Heidelbeeren
80 g Vollrohrzucker
1 TL Zimt

1. Mehl in eine Rührschüssel geben. Hefe hineinbröckeln. Die Butter und den Honig in warmer Milch zerlassen. Zimt dazugeben. Alle Zutaten verkneten, bis sich der Teig vom Schüsselrand löst. 1/2 Stunde gehen lassen.
2. Backblech einfetten. Teig darauf ausrollen. Nochmals 15 Minuten gehen lassen. Teig an den Rändern des Blechs etwas hochdrücken.
3. Ein Drittel der Butter zerlassen und den Teig damit bepinseln. 3 Eßlöffel Kuchenkrümel darüberstreuen. Heidelbeeren darauf verteilen. Zucker mit Zimt über die Heidelbeeren streuen. Restliche Butter in Flöckchen obenauf setzen. Die übrigen Kuchenkrümel darübergeben. Im vorgeheizten Backofen ca. 25 Minuten bei 200 °C backen.

Küchen-Tip

Nur wenn Heidelbeeren Saison haben, also vollreif sind, entwickeln sie ihr unvergleichliches Aroma. Deshalb sollten Sie diesen Kuchen zur Heidelbeerzeit, also im Frühsommer, backen.

Sächsischer Pflaumenkuchen (Foto)

Für 1 Backblech, 20 Stücke

370 g Dinkelvollkornmehl
1/2 Päckchen Hefe
80 g Butter
1/8 l Milch
50 Honig oder Vollrohrzucker
1 Ei
Meersalz
abgeriebene Schale von 1 Zitrone
Muskatblüte
Butter zum Einfetten des Backblechs

Für den Belag:
1,5 kg reife Pflaumen
50 g Kuchenkrümel oder Semmelbrösel

Für den Guß:
4 Eier
40 g Speisestärke
50 g Vollrohrzucker oder Honig
etwas Naturvanille
1/8 l Sahne

1. Mehl in eine Rührschüssel geben. Hefe hineinbröckeln. Butter in der erwärmten Milch mit Honig oder Zucker schmelzen lassen und zugeben. Ei, Salz, Zitronenschale und Muskatblüte zugeben und aus allen Zutaten einen Hefeteig kneten, bis er Blasen wirft und sich vom Schüsselrand löst. Den Teig zugedeckt 1/2 Stunde an einem warmen Platz gehen lassen.
2. Backblech mit Butter einfetten. Teig ausrollen und so auf das Backblech legen, daß ringsum ein Rand hochsteht.
3. Für den Belag Pflaumen waschen, halbieren und entkernen. Hefeteig mit Kuchenkrümeln bestreuen. Mit Pflaumenhälften belegen und den Kuchen zugedeckt ca. 1/2 Stunde gehen lassen. In den vorgeheizten Ofen auf mittlere Schiene schieben und ca. 20 Minuten bei 180 °C backen.
4. Für den Guß Eier, Speisestärke, Zucker oder Honig, Vanille und Sahne gut verrühren. Über die Pflaumen gießen und den Kuchen in 15–20 Minuten fertig backen.
Man kann diesen feinen Kuchen auch mit anderen Früchten wie Aprikosen, Rhabarber oder Äpfeln zubereiten – natürlich alles zu seiner Zeit.

So war's früher

Pflaumenkuchen gab es in Sachsen nur zur Pflaumenzeit, wenn die sonnengereiften Früchte ihr volles Aroma haben.

So ist's heute

Leider sind heutzutage vielfach unreife Früchte auf dem Markt. Daher sollten Sie zur Erntezeit gereifte Früchte auf Vorrat kaufen und einfrieren.

Tip von Ingrid Biedenkopf

Ein Guß aus 1/2 l rotem Obstsaft, mit Honig gesüßt und mit Agar-Agar eingedickt, schmeckt besonders fein und hält noch dazu den Kuchen saftig.

Streuselkuchen

SO WAR'S FRÜHER

Dieser Kuchen ist ideal zum Vorbereiten. Er gehörte früher auf fast jede Kaffeetafel.

SO IST'S HEUTE

Wir bereiten Streuselkuchen heute mit Vollkornmehl, Honig und guter Butter.

FÜR 25 STÜCKE

500 g Dinkel- oder Weizenvollkornmehl
1 Päckchen Hefe
100 g Butter
70 g Honig oder Vollrohrzucker
1/4 l Milch
Meersalz
1 Ei
abgeriebene Schale von 1 Zitrone
Butter für das Backblech

Für die Streusel:
200 g Butter
200 g Vollrohrzucker
Meersalz
1/2 TL Zimt
300 g Dinkelvollkornmehl

1. Für den Teig das Dinkelmehl in eine Rührschüssel geben. Die Hefe hineinbröckeln. Die Butter und den Honig in der erwärmten Milch auflösen. Salz, Ei und Zitronenschale zugeben und einen glatten Hefeteig schlagen. Mit etwas Mehl bestäuben und zugedeckt an einem warmen Ort 1/2 Stunde gehen lassen. Backblech einfetten, den Teig daraufgeben und ausrollen.

2. Für die Streusel Butter in Flöckchen in eine Schüssel geben. Zucker, Salz, Zimt und Mehl mischen und über die Butterflöckchen streuen. Mit den Händen zu einem glatten Teig kneten. Diesen mit zwei Gabeln schnell zu groben Streuseln zerkrümeln. Streusel gleichmäßig auf dem Hefeteig verteilen und den Kuchen nochmals 20 Minuten gehen lassen. Auf die mittlere Schiene in den vorgeheizten Ofen schieben und 25 Minuten bei 200 °C backen. Blech aus dem Ofen nehmen und den Kuchen aufschneiden.

Dresdner Mandelstollen

KÜCHEN-TIP

Von diesem Stollen gibt es zahlreiche Variationen: Sie können ihn auch mit Nüssen, Orangeat oder Mohn anreichern, ihn aus Hirse- oder Buchweizenmehl backen.

FÜR 1 STOLLEN

500 g Dinkelvollkornmehl
1 Päckchen Hefe
1/4 l Milch
250 g Butter
50 g Honig oder Vollrohrzucker
Meersalz
180 g Mandelstifte
100 g Zitronat (oder Rosinen)
50 g feiner Vollrohrzucker, mit Naturvanille gemischt

1. Mehl in eine Rührschüssel geben. Hefe hineinbröckeln. Milch mit 200 g Butter erwärmen. Honig und Salz zugeben. Von innen nach außen einen Teig schlagen, bis er sich von der Rührschüssel löst und Blasen wirft. Zugedeckt 1/2 Stunde an einem warmen Platz gehen lassen.

2. Mandeln und Zitronat in den Teig einkneten, diesen dick ausrollen, zum Stollen formen und auf ein ungefettetes Backblech setzen. Nochmals 1/2 Stunde gehen lassen.
3. 50 g Butter zerlassen, mit der Hälfte davon den Stollen bestreichen. Backblech in den Ofen schieben und den Stollen ca. 40 Minuten bei 170 °C backen. Noch heiß mit der restlichen zerlassenen Butter bestreichen und mit dem mit der Vanille gemischten Vollrohrzucker bestreuen.
4. Auf einem Kuchengitter abkühlen lassen. Den Stollen in Alufolie wickeln und 2 Wochen ruhenlassen.

Dresdner Christstollen

DIE ERSTEN CHRISTSTOLLEN WURDEN ANGEBLICH UM 1450 IN DER KÜCHE DES SCHLOSSES HARTENSTEIN BEI TORGAU GEBACKEN.

FÜR 2 STOLLEN

1 kg Dinkelvollkornmehl
1 Päckchen Hefe
400 g Butter
3/8 l Milch
1 Eigelb
150 g Vollrohrzucker
Naturvanille
abgeriebene Schale von 1 Zitrone
Salz
500 g Rosinen, gewaschen
120 g Zitronat
200 g Mandeln und 2 bittere Mandeln

Zum Bestreichen und Bestreuen:
150 g Butter
50 g feiner Vollrohrzucker

1. Mehl in eine große Rührschüssel geben. Hefe hineinbröckeln. Butter in erwärmter Milch zerlassen und lauwarm dazugeben. Eigelb, Zucker, Vanille, Zitronenschale, Salz und Rosinen zugeben. Zitronat und Mandeln fein hacken und unter den Teig arbeiten. Den Teig so lange schlagen, bis er sich vom Schüsselboden löst. Zugedeckt an einem warmen Ort gut 1 Stunde gehen lassen.
2. Den Stollenteig halbieren, beide Stücke zu einer runden Platte ausrollen und von beiden Seiten so übereinanderschlagen, daß zwei Stollen entstehen. Die Stollen 2 Stunden (oder über Nacht) zugedeckt ruhenlassen.
3. Backblech mit Backpapier auslegen und die Stollen ca. 40 Minuten im vorgeheizten Backofen bei 170 °C auf der untersten Schiene backen. Danach auf ein Kuchengitter legen, mit der Hälfte der erwärmten Butter bestreichen und mit Zucker bestäuben. Diesen Vorgang nach 10 Minuten wiederholen. Die Stollen nach dem Erkalten in Alufolie wickeln und 2 Wochen liegen lassen.

SO WAR'S FRÜHER

Früher hat man für diesen Stollen große Mengen Schweineschmalz und ausgelassenen Kalbsnierentalg verwendet.

SO IST'S HEUTE

Da für Christstollen sehr viel Butter benötigt wird, sollte er nur in kleinen Portionen genossen werden.

Mohnstollen (Foto)

So war's früher

Stollen waren immer schon ein beliebtes Gebäck, weil man sie so lange aufbewahren konnte. Allerdings verwendete man zum Backen mit Vorliebe Talg und Schweinefett.

So ist's heute

Um vermehrt Ballaststoffe zuzuführen, ist feingemahlenes Vollkornmehl günstiger als Weißmehl und Honig besser als raffinierter Zucker.

Küchen-Tip

Die Mohnfüllung für den Stollen kann auch noch mit Rosinen und Zitronat angereichert werden.

Es gibt wohl keinen deutschen Weihnachts-Kaffeetisch ohne Stollen. In fast allen Regionen kennt man unterschiedliche Rezepte. Eines aber haben alle gemeinsam: die typische Stollenform. Sie soll an ein Wickelkind, also an das Kind in der Krippe, erinnern.

Für 1 Mohnstollen

750 g Dinkel- oder Weizenvollkornmehl
1 Päckchen Hefe
150 g Butter
1/4 l Milch
1 Ei
Salz
100 g Honig oder Vollrohrzucker

Für die Füllung:
600 g Mohn, gemahlen
1/4 l Milch
1 TL Zimt
200 g Honig oder Vollrohrzucker
2 Eier
Butter für die Stollenform
Puderzucker zum Bestreuen

1. Dinkelmehl in eine Rührschüssel geben. Hefe hineinbröckeln. Butter mit der Milch erwärmen und dazugeben. Ei, Salz und Honig in den Teig einrühren bzw. einkneten und den Teig an einem warmen Platz 1/2 Stunde zugedeckt gehen lassen.
2. Für die Füllung Mohn in eine Schüssel geben. Milch zum Kochen bringen und darübergießen. Zimt, Honig und Eier unterrühren.
3. Den aufgegangenen Hefeteig auf einer bemehlten Arbeitsplatte zu einem großen Rechteck ausrollen. Mit der Mohnmasse bestreichen, dabei an einer Schmalseite einen 3 cm breiten Streifen frei lassen. Teig von der gegenüberliegenden Seite aufrollen. Stollenform einfetten und bemehlen. Mohnrolle mit der Nahtstelle nach unten in die Form legen. Mit den Händen in Stollenform drücken. Nochmals 20 Minuten gehen lassen.
4. Den Stollen im vorgeheizten Ofen auf der mittleren Schiene bei 180 °C 40 Minuten backen. Den Stollen aus dem Ofen nehmen, noch warm mit Puderzucker bestäuben und abkühlen lassen.